英 烈 故 事

◎蒋祖烜 主编 ◎罗印文

战功卓著的开国上将
邓 华

湖南人民出版社

本作品中文简体版权由湖南人民出版社所有。
未经许可,不得翻印。

图书在版编目(CIP)数据

战功卓著的开国上将·邓华/罗印文著.—长沙:湖南人民出版社,2019.10(2019.12)
(英烈故事丛书/蒋祖烜主编)
ISBN 978-7-5561-2301-8

Ⅰ.①战… Ⅱ.①罗… Ⅲ.①邓华(1910—1980)—生平事迹 Ⅳ.①K825.2

中国版本图书馆CIP数据核字(2019)第200660号

ZHANGONG ZHUOZHU DE KAIGUO SHANGJIANG DENG HUA
战功卓著的开国上将·邓华

主　　编	蒋祖烜
著　　者	罗印文
改 编 者	周妍君
责任编辑	李蔚然
装帧设计	杨发凯＋见所创意设计工作室
责任印制	肖　晖
责任校对	夏文欢
出版发行	湖南人民出版社 [http://www.hnppp.com]
地　　址	长沙市营盘东路3号
邮　　编	410005
经　　销	湖南省新华书店
印　　刷	湖南凌宇纸品有限公司
版　　次	2019年10月第1版 2019年12月第2次印刷
开　　本	880 mm × 1230 mm　1/32
印　　张	5.875
字　　数	78千字
书　　号	ISBN 978-7-5561-2301-8
定　　价	27.00元

营销电话:0731-82683348　(如发现印装质量问题请与出版社调换)

前 言

英雄是民族最闪亮的坐标，一个有希望的民族不能没有英雄。中华民族是崇尚英雄、英雄辈出的民族。在中华民族伟大复兴进程中，无数英烈为民族独立、国家富强前赴后继、英勇献身。他们以热血浇灌理想，用生命捍卫信仰，构筑起一座座不朽的精神丰碑。他们的事迹和精神是激励我们砥砺前行的强大动力。

值此中华人民共和国成立70周年纪念之际，为缅怀英烈、歌颂英雄，铭记历史、凝聚力量，我们组织编写了"英烈故事"丛书。

丛书以中央有关部门"捍卫英烈形象主题宣传人选名单"的英烈为叙事对象，每位（组）烈士单独成册，分批推出。用英烈生平事迹，彰显英烈精神的时代价值；用通俗的故事化表达，强化丛书内容的感召力。着力讲好英烈故事，传颂好英烈"未惜头颅新故国，甘将热血沃中华"的献身精神、"为有牺牲多壮志，敢教日月换新天"的凌云壮志，为理想信念和社会主义核心价值观宣传教育，提供一套有思想、有温度的学习参考读物，引导营造崇尚英雄、学习英烈、捍卫英烈的浓厚社会氛围。

"两个一百年"奋斗目标是当代中国共产党人最重要最现实的使命担当，也是中华民族伟大复兴的百年宏愿。实现我们的目标，需要英雄，需要英雄精神。让我们更加紧密地团结在以习近平同志为核心的党中央周围，以英烈精神激发社会干事创业的磅礴之力，勠力同心，让承载着近14亿中国人民伟大梦想的中华巨轮，继续劈波斩浪，扬帆远航，胜利驶向更加美好的明天。

编　者

2019 年 10 月

英烈小档案

邓华（1910—1980），湖南郴县（今郴州）人。1927年3月加入中国共产党。在革命生涯中，历任中国工农红军连党代表、团政治委员、师政治委员，八路军军分区司令员和政治委员、旅政治委员，东北保安副司令兼沈阳市卫戍司令、辽吉军区司令员、纵队司令员、军长、兵团司令员等职。参加了古田会议、长征、湘南起义、平型关战斗、百团大战、辽沈战役、平津战役、湘赣战役、广东战役等，组织指挥了海南岛战役。

中华人民共和国成立后，担任中国人民志愿军第一副司令员兼第一副政治委员、代司令员兼政治委员、司令员兼政治委员、中国人民解放军副总参谋长兼沈阳军区司令员。协助彭德怀指挥抗美援朝第一至第五次战役，组织指挥1952年秋季战术反击作战、上甘岭战役及1953年夏季反击战。1955年被授予上将军衔。1980年7月3日在上海病逝。

目　录

山里人气质 / 1

教会学校纪事 / 7

参加湘南起义 / 12

年轻的红军指挥员 / 18

活捉张辉瓒 / 24

湘江脱险 / 33

平型关大捷 / 41

挺进冀东 / 49

雁北反扫荡 / 57

血战四平 / 63

两次嘉奖令 / 72

攻克锦州 / 81

智取天津 / 95

解放海南岛 / 102

预见美军将在仁川登陆 / 115

诱敌深入 / 123

变被动为主动 / 132

"邓华是个好帮手!" / 144

智胜上甘岭 / 153

打掉这个突出部 / 163

峥嵘岁月 / 177

山里人气质

1910年4月28日,在湖南郴县(现郴州)西南角上的一个偏远小山村——陂副邓家,一个小男孩诞生了!

这个未来的军事家,人民共和国的上将,出身于一个书香门第。

孩子的父亲邓养源,是这一带的饱学之士,20多岁考中秀才,随后经岁科两试,成为廪生。他没有步入仕途,而是在乡中坐馆任教。孩子诞生后,父亲为他取名邓多华,有春华秋实之意。邓华则是他赴长沙岳云中学读书后为自己取的。

离陂副邓家5里远有个仁和圩,是周围几个村子兴办的集市。这日圩场上请来班子唱大戏,台上正演出《长坂坡救主》,

★ 2

邓养源让多华骑在肩上观看。一阵紧锣密鼓,赵子龙全身披挂上阵,邓华便学着舞台上的腔调把式,手舞足蹈大嚷起来:"吾乃常山赵子龙也!"弄得阿爸打个了趔趄,差点把多华摔了下来。邓养源忙把他放在地上,他又模仿台上动作,在人群中冲冲撞撞,引得人丛中一阵哄笑。

看戏回来,邓华央求他的哥哥多英(邓家一共五个孩子,邓华有三个姐姐、一个哥哥)做了竹刀木枪,加入铜锣坪演武行列。从此,他对戏台上的英雄武将,诸如赵子龙、岳飞、薛仁贵、李逵等人着了迷。他用芭蕉叶撕成细条挂在嘴边当胡须,用稻草把衣袖口、裤脚口扎紧,抡起竹刀木枪和伙伴们一道,冲来冲去,杀进杀出。一次,三姐春黛正在踢毽子,多华玩得来劲,"杀"的一声,木枪朝着三姐腿上刺去。破皮流血了,春黛哭倒在地,多华知道闯了祸,扔下木枪赶紧跑到山里躲将起来,直到天黑才被找回家来。以此,邓华得了个"调皮鬼"的称号。

山民的剽悍好斗风气,中国古代英雄战将的精忠勇武,像晶莹的雨露清泉,滋润着成长中的邓华的性灵。

1922年秋天，邓华已经满12岁，决定离开山村去县城读书。他留了个小平头，穿着一件白土布对襟衣，用白线把衣服的敞口袖扎紧。他觉得这样不仅像舞台上武打演员那样，一派赳赳武夫的样子，而且干净利落，行走动作轻快。他来到铜锣坪小伙伴中间，小伙伴们已经风闻多华要到县城去读书，七嘴八舌地说："你这会儿看世界去了，就好玩了呵！"邓华一本正经地回答说："我是到县里学堂读书求学哩！"

当邓华在铜锣坪向他的伙伴们告别的时候，他的母亲一边给他准备行装，一边泪珠不由得滚滚而下：最小的儿子即将远行，实在舍不得，12岁的年纪，没有爸妈在身边，他过得惯吗？学堂的饭菜不好，他会吃得饱吗？要是跟人打架，伤了哪里，如何是好呢？……她甚至后悔，不该同意丈夫让他去的，不到县城不是同样能读书吗？！

父亲则坐在书房里，不停地吸着铜制水烟袋，心头思涌着：邓华这小子够伤他的神了，他们父子间一旦发生冲突，他就没拗赢过这小东西。

童年时期邓华喜欢钻到父亲的书房里，阅读《水浒传》《三国演义》《西游记》《封神榜》《说岳全传》等书籍，他发现这里竟是一个十分丰富有趣的世界。有时他抱着一部书，藏身浓密的树林子里，竟至废食忘寝的地步，弄得妈妈到处寻呼。

这时正是五四运动之后，各种社会思潮在中华大地争相亮相。远离北京的闭塞的郴县，在1919年5月30日这天，由"郴县学生联合救国团"主持，在郴县文庙召开了各界人士大会。会后各界人士列队示威游行，愤怒声讨曹汝霖、章宗祥、陆宗舆等卖国贼，提出"废除'二十一条'""拒绝和约签字"，实现外争国权、内惩国贼的要求。郴县的先进青年黄睁源、李翼云，在学习马克思主义思想，参加中国共产党后，也在郴县地带传播革命思想，开展革命活动。但是，这一切，对于处在边远山村的少年邓华来说，只是风闻而已。然而，生性好动而又不安分的邓华，却朦胧地感觉到外面有一个广阔的世界，那里正在发生着翻天覆地的变化，他要走出这个闭塞的旮旯，迎接那个新的变化。

一日，他向父亲提出："阿爸，我要去读书。"父亲非常高兴,回说:"那好,就快开学了,送你到包公祠石陂高小去。"邓华说:"不,我要到县城去读书。""不行,太远了,还是到包公祠去。"父亲怎么也没有料到儿子会提出这个要求,以不容分辩的口气迅速回绝了。"阿爸,你不是说过'一辈子偎在山冲里,是没有出息的吗'?让我去吧!我在那里好好读书。"邓华语气里透露着坚定。

这使邓养源想起了一件往事。

那时他领着多华去看一个朋友,在返回途中,顺便去仙岗岭参观了何孟春的墓庐。何孟春是郴县历史上最著名的人物,在明朝历任兵部主事、云南巡抚、吏部侍郎等职。墓庐很有气魄,墓周是青石砌成的内外两圈石墙,当中立有石碑三块,两侧石柱上刻着对联:"龙章氅锡光千古,马鬣长封护万年。"

"这个何文简是什么人?好威风啊!"邓华第一次见到这样规模的坟墓。

"他是我们这地方在朝廷做官做得最大的一个,他敢于向皇帝进谏,文章学问也都很好。墓庐和祠堂都是他死后明朝皇帝赏赐给他的,就连何文简这个名字也是皇帝追谥的，用以表彰他对朝廷的贡献。"

"他小时候也住在这里吗？"邓华饶有兴趣地追问。

邓养源瞥了儿子一眼，便将何孟春少时聪颖异常，被人称为奇童，发愤读书，赴京赶考，中进士，以及以后做官的经历说了一遍，末后加重了语气："少壮不努力，老大徒伤悲，到头来只有一辈子偎在山村里，那是没有出息的。"

现在，听儿子说出自己曾经说过的话，邓养源心中由惊异转而喜悦，不由得记起私塾老师邓八先生夸奖儿子的话："多华看样子爱耍贪玩，也未见他下功夫读多少书，背诵起来却是一字不差。我教了30多年书，第一次见到这样高的天资的学生。"于是，邓养源改口说道："好吧，我问问你妈，看她舍得你去不。"

邓华见父亲松了口，知道这事儿有八九成了。

就这样，1922年秋，邓华走出了山村，在父亲的陪伴下来到县城郴州。

教会学校纪事

20世纪20年代初的郴州，作为历代郴州地域政治经济文化中心，也还是粗具规模的：有一条商业街；有一所郴郡联立中学；有一所郴州甲等师范，是培养中初级师资的场所；小学则有三所——北湖小学、瑶林小学和新华学校。有志气的青少年，都向往着到郴州来求学。

三所小学中以新华学校名望最高。父亲说："进学堂，就要进一个好的。"经过严格的入学考试，邓华进入新华学校高小部。

安顿好之后，望着匆匆离去的父亲的背影，邓华耳边回响着父亲刚刚嘱咐的话语："记住那句话：少壮不努力，老大徒伤悲。"邓华不觉一阵心酸，泪水几乎要涌了出来。

新华学校是美国基督教会办的。星期日要做完礼拜才能放假，做礼拜时由牧师领读圣经，末了还要说一声"阿门"。开饭前，学生坐定后，还要用手在胸前画"十"字，然后念道："饭是上帝给的，我们要感谢上帝！"在家乡山野里放纵惯了的邓华，觉得很不是滋味。

然而，这里学习抓得很紧，邓华在这里不敢怠慢，他记住自己在爸妈面前说过的话语：要做一个有出息的人。况且这里规矩极为严格：旷课八节者，勒令退学。早晚在教室自习，也有老师在场，不到者也作旷课论处。邓华勤奋学习，每次期终考试，各科成绩都是优秀。

在学校里，邓华最爱听历史老师讲课了。一次，老师讲中日甲午之战，绘声绘色地介绍了黄海大血战的悲壮场景……中国海军致远舰，在邓世昌指挥下勇敢地向敌吉野舰撞去，不幸中雷沉没，全舰200多名官兵为国捐躯；尤其可歌可泣的是，北洋海军中军中营副将、致远舰管带（舰长）邓世昌落海时，推开侍从刘忠递上的救生圈，慷慨地说："事已至此，誓不独生。"他的爱犬衔住他的手臂不放，邓世昌奋力将犬推开，爱犬复又扑来叨住他的发辫，他又忍痛将爱犬按入水中，一同壮烈牺牲于汹涌的波涛之中。此时，老师声泪俱下，许多同学也是义愤填膺。邓华抹去脸上的泪水，举手提问："老师，这位邓管带是哪里人氏？"莫老师说："广东番禺人，捐躯时年仅45岁。"邓华又央求道："老师，您还讲点他青少年时代的故事吧！"老师顿了一会，侃侃说道："他从小就奋发学习，立志报效国家。他英文学得很好，能用英文会话写笔记，航海需要的天文、地理、数学、绘图、测量各科成绩都是上乘。"这位教历史的老师在历史教学中，贯穿爱国主义教育，深深感动了邓华和同学们的心！

新华学校对学生的思想钳制极严，示威游行等爱国活动绝对禁止学生参加，一经发觉，立即开除。遇有郴州城发生此类事情时，便将校门紧闭，不许学生外出。邓华他们只好压抑心头的激愤。不过，第二天，邓多华从自己的行囊中寻出几件日本货：几小瓶人丹和几包牙粉，统统丢到茅坑里了。

帝国主义侵略中国，强迫中国政府签订不平等条约，割地赔款，划出租界，开辟口岸通商，除此之外，还派人在中国传道布教，开设学校——新华学校原来是这么来的。当邓华从历史学习中得知这个原委后，联想到平日所见所闻，对这所设施良好、环境优美的学校，顿生厌恶之情。自己置身这里学习，仿佛是一种莫大的耻辱。

一次，在校园里，一个同学指手画脚同另一个同学开玩笑，正巧校长从这里路过，洋人不懂中国话，只从那同学说话腔调和手脚动作推断是讥笑他，说是犯了侮辱罪，不容分说，将这个同学拉到校长室，用竹板打了几十大板，方才罢休。当时，邓华赶上前去，要找在场的中国老师辩解，却被洋人驱走，他在稍远处只听得那同学被打得哇哇直叫。他也像是挨了打一样，心情异常沉痛：不平等条约给予我们民族的屈辱，就是这样刺伤着中国少年的心。这一天，他在日记里写道："毋忘国耻！毋忘国耻！！

毋忘国耻！！！"

　　新华学校鼓励学生受洗入教会，在新华学校毕业的基督教徒，学业优秀者，学校免费保送到美国留学。邓华在新华学校三年，尽管老师启发，同学劝导，他始终没有加入教会。高小毕业后，他就走了，发誓再也不读教会学校。

参加湘南起义

1924年初,中华大地正处在革命高潮的前夜,第一次国共合作形成,反帝反封建军阀的革命统一战线正式建立。中国共产党第四次全国代表大会于1925年1月召开,紧接着党的工作迅速深入到广大群众中去,革命群众运动蓬勃发展。1926年2月下旬,中共中央在北京召开特别会议,指出党在北伐中的政纲是"必须是以解决农民问题作主干",要求在北伐军将要经过的湖南、湖北等地做群众工作,支援北伐。

1927年春节刚过,邓华打点行装,奔赴长沙。来到长沙,恰好有南华法政学校招生,他心想:"要革命必须进一步学习政治，武装头脑。"便以初中二年级肄业程度，考上了南华法政学校高中政治班。

南华法政学校有中共党支部，革命气氛浓厚，一些宣传党的主张的刊物和宣传共产主义的书籍，都是公开传播阅读。

一日，邓华在自修室阅读《战士》周刊上刊载的毛泽东的《湖南农民运动考察报告》，他聚精会神、饶有兴味地读着，见到精彩处不由得眉飞色舞，拍案叫好。他的旁若无人的举动，引起了同座位的政治班同学易蕴的好笑："你这么来劲呀？"邓华便对易蕴赞颂道："毛泽东说得多好，农民在乡里造反，不是糟得很，而是好得很。'革命是暴动，是一个阶级推翻一个阶级的暴烈行动。农村革命是农民阶级推翻封建地主阶级的权力的革命'，真是入木三分！"

易蕴，共产党员，20来岁，言谈举止沉着稳健。他早就注意身旁的邓华了。邓华不仅积极参加省城举行的各项集会和示威游行，而且关心事态的政治发展，肯动脑筋思考问题。比如，对国民党省党部常委和农民部部长刘岳峙等人拼凑的"左社"组织散布的攻击农民运动的言论就很反感，也很担忧。及至中共湖南区委发表《对湖南农民运动的宣言》，有力驳斥"左社"的谰言，他就说："驳得及时。"经过多次谈心，在他得知易蕴是共产党员，并且和上级党组织有着密切联系时，便把埋藏在心底的愿望向易蕴谈了——自己希望成为共产党员。

经过上级党组织审查批准，1927年3月，邓华宣誓加入了中国共产党，介绍人是易蕴、查夷平，党证号码为22547。

4月12日，蒋介石在上海发动反革命政变，大批屠杀工人和共产党员。反动势力蠢蠢欲动，形势比较紧张。易蕴问邓华："你怕不怕？"邓华回答说："革命不怕死，怕死不革命。"易蕴赞赏地说："好！那你到省党校去学习吧，现在党组织要抓武装，去那里接受军事训练。"

湖南省党校名义为国民党党校，实际是共产党掌握。邓华于4月下旬来到设立在长沙市乐古道巷的党校。5月17日，独立十四师师长夏斗寅在湖北叛变，湖南各地开始发生惨杀农会干部和收缴工人纠察队枪支事件，长沙城内风声日紧。

5月21日深夜，邓华和党校学员早已入睡，忽然外面枪声大作，同学们立即披衣起床，发现党校前门已被封锁。邓华随同一些人翻后墙叫开一家木匠铺藏身，才躲过反动派的搜捕。

第二天拂晓，他才知道，由许克祥、王东原指挥的叛军1000余人，还分头袭击了省总工会、省农民协会等机关。工人纠察队和农民自卫军虽然奋起反抗，终因寡不敌众失败，许多人被枪杀。21日这天的电报韵目代日是"马"字，这次事变便称之为马日事变。

党校学员受到追查，邓华的党员关系暴露，他在长沙已无法安身。恰好有来长沙的共产党员曾子彬来到南华，告知他准备和南华法政学校校友李佑余一道迅速返回郴县。经党组织同意，并向李、曾二人介绍组织关系后，邓华随李、曾二人启程回郴。

白色恐怖下，他们为死难的战友而悲痛。那时，他们还无法完全清楚事变的全过程，也无从全面总结事变乃至整个革命进程中的经验教训。他们对革命的信念是坚定的：要继续前进。然而，怎样前进呢？小货轮正在逆江而上，机房里传出"突突突"的声音，似是呼号，又似是悲鸣！他们站立船头，不言不语，放眼望去，雾蒙蒙的一片……

　　这一年的8月7日，中共中央在汉口举行了紧急会议，史称八七会议。会议总结了大革命失败的经验教训，纠正了陈独秀右倾投降主义错误。会议确定了土地革命和武装反抗国民党的总方针，并把发动各地农民举行秋收起义作为当前最主要的任务。会上，毛泽东强调中国共产党"要非常注意军事，须知政权是由枪杆子中取得的"。

　　在八七会议精神指引下，郴县重建了党的县委；共产党员和革命群众从血泊中挺身而起，组织了六个暴动连。从11月9日晚上起，工农革命群众先后进袭"清乡委员会"，处决罪大恶极的豪绅恶霸，湘南暴动（亦称湘南起义）的烈火开始燃烧了。

　　与此同时，由朱德、陈毅率领的南昌起义后保留下来的一支队伍，转战千里，已经来到湘粤边界地区。在与中共湘南特委取得联系后，这支队伍同湘南地区暴动的农民互相配合，发动了著名的宜章年关暴动,并于 1928 年 2 月 4 日占领郴县。

在社里邱家的邓华,得知工农革命军已经攻克郴州,另一支部队也已占据桂阳,心中狂喜,立即就近赶到桂阳县城。进占桂阳城的工农革命军第七师第二团此时已退至郴县的保和圩一带,邓华又连夜追到保和圩,赶上了部队,时间是 1928 年 2 月 23 日。3 月 13 日,二团接到命令:火速返回郴县。邓华等人受苏维埃工作团派遣,随二团工作。

踏上征途后,前面有多少艰难险阻,道路会是怎样的曲折迂回,这一切,他也许想得不多。但是,战士出征意味着什么,他是清楚的,为了反对封建军阀,反对帝国主义,为了劳苦大众的解放,也同时为了洗雪国恨家仇,他甘愿赴汤蹈火。

他手里握着一杆梭镖,身穿一袭长袍,就这样开始了他漫长的军事生涯,就这样走上了铁马金戈、威武雄壮的军事舞台。

年轻的红军指挥员

1928年5月,继4月湘南起义失败之后,毛泽东指挥的部队和朱德率领的部队在井冈山会师。此时的邓华已被调到七师政治部组织科任组织干事。

邓华随同部队撤出郴州,同从井冈山下来的毛泽东的部队接应。他们在资兴打了一仗,甩脱了敌人的追击,于4月中旬到达井冈山下的鄅县县城附近。这时传来了整编部队的消息:成立中国工农革命军第四军,下辖十师、十一师、十二师三个师,军长朱德,党代表毛泽东。邓华所在的工农革命军第七师,缩编为第十一师第三十三团。

缩编后,三十三团立即奉命去打遂川。

这时的邓华,已不是拿笔墨、提石灰桶的宣传兵,而是这个团的2营6连的党代表了。

毛泽东率秋收起义部队到井冈山时,只有2个营7个连,不到1000人。经过一年的边界割据,部队一下子猛增到12000余人。而他们立足的地方,只是周围550华里的井冈山。这里人口不满5000,产谷不足万担。这就产生了一个问题:这么多人吃什么?

因此,红军决定:除编在十师的二十九团外,由永兴、资兴、郴县、耒阳来的农军,全部返回湘南,要求他们依托井冈山山脉,广泛开展游击战争,创造革命根据地。湘南特委当时在桂东一带活动,三十三团便奉命前往桂东山区打游击。

就在这时,决定的时刻到了。

是往西南,还是继续往东南呢?时间在催促邓华作出最后的抉择。

这时,在三十三团宣传队工作的表弟首培之急匆匆来到邓华身边,说道:"走,一起走吧!回家乡打游击,群众条件好,情况熟悉,能干出名堂哩!"

"三发呀,回不得呀!"邓华还习惯地直呼他的别号,"农民同志家乡观念重,回去会散伙的。"

呵,邓华早就思索过了,早就作出抉择了!

"我们有枪有人有组织,还怕吗?还能散伙吗?"首培之回答说。

"湘南暴动时,我们的人枪还少了吗?党的组织还不强大吗?要不是跟着朱毛往东撤到井冈山,恐怕是全军覆没了呵!"邓华毫不含糊。

"不见得吧。"首培之找不到有力的论据,"打回老家去,总会有办法的。"

"再说,你我都在反动派那里挂了号的,他们赌咒发誓要抓我们,这一回去敌人会放过我们吗?"话说到底了,"我看还是跟朱毛走吧!"

邓华未能说服表弟,他跟着大队人马往西南方向去了。大伙儿一商议,桂东去不成了,还是回井冈山去。

不久,从湘南方面传来消息,散回家乡的农军,大部分走散,一部分同志也确实组织了一些战斗,冲了一些"挨户团",取得了一些零星的胜利,但很快被敌人打散。许多共产党员和干部,不是遇害就是被关押，或者流落他乡。

邓华他们回到井冈山地区的十都，毛泽东得知后，不但没有批评他们，反而派出三十一团3营8连连长李天柱前来欢迎他们，并且立即编队，邓华被编入三十一团的1营，任营委组织干事。

抉择是需要智慧、力量和勇气的。

邓华是幸运的，他的这一抉择，使得他从这个时候起，就一直在毛泽东的直接指挥下，在广阔的军事舞台上纵横驰骋。

6月23日拂晓，三十一团1营在团长朱云卿的指挥下，从古城出发，在新七溪岭望月亭前即与敌二十七团遭遇。大路在山脊上，两旁是深沟，双方不易展开。顶了一阵，敌人虽是仰攻，但有机枪掩护；而主要靠梭镖、鸟枪作战的二十九团哪里压得住。1营3连和2连相继投入战斗。3连连长资秉谦、2连党代表向大恢接连阵亡。

邓华圆睁双眼，手提塞满复仇子弹的驳壳枪，纵身一跳，正要从设在望月亭后面的营部冲出去拼了……

山里人的质朴、义气，使他不由得冒出一种冲动，要为牺牲了的战友复仇。也是年轻气盛吧，在红了眼的当儿，真可爆发出巨大的能量，真可不顾一切地。

"站住！听命令行事！"团长朱云卿大声喝道。

他收住脚，不得不退回原地。他注意到团长的眼神，没有责备，而是威严、沉着、冷静，甚至还包含着几分爱护和期待哩。指挥员不愧是指挥员呵！他立刻意识到自己原来还是一个新兵。是新兵，就得老老实实随时随地学习。

"传令1连上！"

团长的话音刚落，邓华就发出了1连冲锋的信号。

"冲啊，为战友报仇！"1连立即用火力封锁路口，阻止敌人一次又一次的反扑。

迂回敌后的二十八团，在团长的指挥下，正在老七溪岭同敌主力二十五、二十六团激战，从上午8时打到午后3时，敌三次冲锋均被打垮。正当敌开始动摇之际，预先埋伏在附近武功坛的三十二团小分队，在袁文才率领下，直捣敌指挥部；漫山遍野的赤卫队员和暴动队员也乘势猛冲。敌指挥部乱成一锅粥，杨如轩见势不妙，跨马逃窜，敌失去指挥，全线开始崩溃。二十八团与小分队会合后，即以小部追击残敌，大部急转新七溪岭，包抄龙源口敌人。

在新七溪岭敌我杀得难分难解之时，朱德军长带着他的卫队冲上来了。他的卫队的花机关（冲锋枪）立即在前沿"嗒嗒嗒"猛响，压得敌人不敢抬头。朱德军长在营指挥所听到老七溪岭方向枪声由上往下移去，判断二十八团已经得手，正向这边包抄过来，立即命令二十九团和三十一团1营全部出击。残敌退路已断，又是腹背受击，军心顷刻瓦解，在龙源口被红军歼灭。

"两只羊（杨）"就这样被打败了！

"军长的指挥真是天衣无缝！"邓华在心底里赞叹道。知己知彼，料敌如神，既有周密的应敌部署，又能身先士卒，灵机作出决断——勤于思考、善于学习的邓华，上了战场指挥的一课。

活捉张辉瓒

1930年夏秋,邓华随部队从福建长汀出发,西下江西,经由南昌城外,转战千里,直逼长沙,围攻半月,未能入城,于9月12日撤围,折返赣西南,于10月4日攻占江西吉安市。红军进驻吉安后,邓华所在的红十二军教导大队,奉命扩编为该军第三十六师,邓华由教导大队政治委员升任为师政治委员。这一年他恰好二十岁。

同年12月30日凌晨,邓华所在师作战会议刚刚结束。根据方面军红字第十二号命令和军部的部署,攻击龙冈敌张辉瓒的战斗将在九小时后打响。

"我是在想,军部没有给我师正面迎

敌的任务,是不是看到我师新兵多,怕我们担负不了,硬仗给兄弟师去了。"没有争到主攻师任务,邓华颇为遗憾。

"军部也许有这个考虑,不过,根据我的经验,我们这个师不一定没有硬仗打。"比邓华年长两岁的张宗逊,断断续续,带着模糊语音回答之后,便靠着椅子呼呼入睡了——大战即将来临,他深知获取片刻休息的重要性。

邓华来到一〇六团,一把拉着团长杨梅生:"走,到连队炊事班去看看。"

由总司令朱德、政委毛泽东于29日晚上8时签发的攻击张辉瓒的命令规定,第十二军各部"应于明晨4时前出动",因此,师部要求各连队凌晨3时开餐,现在两点一刻,炊事班正忙着。

在一连伙房,炊事员有的正淘米煮饭,有的正切南瓜,邓华忙问:"有什么荤菜?""鱼嫩子炒辣子。"邓华听后说:"好,这是下饭的菜。"不过,他转脸问炊事班长:"前天老乡慰问送来的腊肉都吃完了?"

"没有,大伙说,留给首长下连队时吃。"

"怎么你们老是想不通？！师政治部早就有规定，各级首长下来，同战士们一块吃饭，不得另开。腊肉统统在今天炒给战士们吃。"

邓华在一〇六团看了两个连队的伙房后，还到一〇七、一〇八团各看了一个连队伙房。他要求他们米下足，一定要上荤菜，油盐都要放够。

《孙子兵法》说："将者，智、信、仁、勇、严也。""仁"，就是爱护士卒，孙子把"仁"排在第三位，在他看来，对于一位指挥员，这比"勇"——勇敢坚定——还重要。我国传统治军理论中"爱兵如子"的观点，邓华是深深记住了的。

战斗于30日上午10时打响。敌人早已陷入红军的天罗地网，但骄横而又愚蠢的张辉瓒还蒙在鼓里。这日一早，他率领师部和两个旅由龙冈出发，向东面小布、黄陂开进，以期会同其他各部围歼红军主力。

张部开进途中，即遭到担任主攻的红三军迎头痛击。其五十二旅死伤惨重，节节败退。张辉瓒派出一个团增援，又被红军截击，死伤大半。张辉瓒眼见大势已去，急命其五十三旅抢占龙冈西南万功山，掩护师部向东固方向退却。

然而，张宗逊、邓华率领的三十六师和十二军其他各部，早已在此森严壁垒。根据方面军和军部的部署，他们于上午10时赶到了万功山，扼住龙冈西面通南垄的大道，担负断敌退路和阻止由东固经南垄增援之敌的任务。

"这下真有硬仗打了。"望着远处蜂拥而来的敌军，邓华精神起来了，笑着对一旁的师长说，"老兄料事如神，小弟佩服佩服。"

此时已是午后，第三军团和红四军大部分队伍，分别从龙冈西北和东北方向包抄过来，张辉瓒被锁在"口袋"里了。

张宗逊未有回话，两眼定视前方。

"我到前面一〇六团坐镇去。"担心新战士增多后部队的战斗力，同时也渴望着白热战斗的邓华向师长说道。

"行！"师长点头，临了，还补充了一句"注意安全"。

邓华到达前沿团部，溃退来的张师前锋距连上火力点约百米。

"立即开火?"杨梅生团长以征询的语气向师政委问道。

"再放进来50米!"邓华回答。

"开火!"五分钟之后,杨梅生团长一声令下,大道两侧高地火力点一齐猛射,敌人倒下无数。

紧接着,冲锋号响起,整个万功山地段通南垄大道两侧红军,像猛虎下山冲向敌群。三十六师各部将正面之敌歼灭并击溃一部之后,随即,向前追击,正好遇上敌师部卫队营。这个营的武器装备精良,一色的花机关和驳壳枪,还有射程远的马步枪。敌人节节抗击,战斗异常激烈。

此时师长也来到前沿,师指挥所和一○六团指挥所合二为一了。不用望远镜也可看清交战情况。

"敌人还在有组织地抵抗。"师长分析道。

"对,有一个两手都握有手枪的正在指挥。"邓华答道,随即转向杨梅生团长,"怎么样呀,你这个神枪手,消灭他吧!"

团长百发百中的枪法,早在井冈山时期,就享誉红四军了。

"叭！"杨团长扣动扳机，敌阵中那名指挥官应声倒下。

"再次发起冲锋！"师长命令。

失去指挥官的敌前沿部队稍事抵抗后便四散逃命了。

各部红军对张师残部的包围圈越来越小，到下午4时整个战斗结束，红军活捉了张辉瓒，其师部和两个旅9000余人无一漏网。

三十六师共缴获各种枪900余支，是红十二军中缴获武器多的一个师。

1931年1月2日，在小布举行的红一方面军师以上干部会议上，朱德、毛泽东又在部署追歼谭道源师的战斗了。

国民党军"围剿"红军兵力10万，在400公里弧形围攻线上，分东西两路，西路归鲁涤平的第九路军负责，由张辉瓒担任前线指挥。这一路是这次"围剿"的主力。现在，号称精锐的十八师大部被歼，西路前线指挥、十八师师长张辉瓒被活捉，蒋军全线震惊。

张师东侧的谭道源师立即扔下源头阵地,向宁都县的东韶撤退,企图与东路军靠拢。朱德、毛泽东决定红军马不停蹄,追歼惊慌失措的谭道源师。红军司令部命令规定:红十二军担任正面攻击,三军团为左翼,红三军为右翼并牵制洛口方向许克祥师的增援,红四军为总预备队。小布距东韶约40里。命令规定次日(1月3日)11时对谭师发动总攻。

邓华和张宗逊开罢师以上干部会回到部队驻地,已是2日夜11时了。兵贵神速,他们决定部队提前在凌晨出发。

半夜过后,天公不作美,下起了瓢泼大雨,张宗逊和邓华率领三十六师,顶着刺骨的寒风冒雨疾进。两位师首长,一位在前,一位殿后,他们不时传话:"快速前进!""追到东韶就是胜利!"他们也不时为战士扛枪,让战士们轻装快步。

3日清晨,红十二军追到了东韶,当即对敌发起攻击。谭道源才到东韶不久,虽也曾依山布防,但工事未及完成。红军飞兵急至,打他个措手不及。三十六师当面战斗非常激烈,谭道源困兽犹斗,多次对三十六师阵地组织反冲锋。

师部指挥所紧跟着发起攻击的部队。

"3连上，坚决顶住！"师长命令。

"不许后退，顶住就是胜利！"师政委传话。

步枪声，机枪声，手榴弹爆炸声，冲锋号声，喊杀声，汇成一片。

邓华手握驳壳枪，以政治委员特有的警惕的眼睛注视着前方，3连右侧3排阵地引起了他的注意：那里枪声稀落，3排长左顾右盼，未见其指挥战斗，刹那间，那3排长举起双手，猫着腰，径向敌方走去……

"3排长临阵投敌！"邓华向张宗逊紧急瞥了一眼。

"注意到了！"师长回答。

"执行战场纪律！"政委斩钉截铁的声音。

"3排长站住！"师长厉声命令。

对方没有回答，拼命朝敌阵地跑去。

"狗娘养的，叫你见阎王去！"邓华两眼冒火，闷雷似的骂道，紧接着手中枪响："叭！叭！"叛徒应声栽倒。

"嗒嗒嗒……"机枪在怒吼。

"轰！轰！"手榴弹在爆炸。

战士们飞身跃起，无数子弹射向敌人。

敌人的反冲锋被打退了。

此时，红三军团由北向南迂回而来，合力猛攻猛打。

整个东韶街完全处在红军火力网之内了。

设在街区的敌师部乱作一团，谭道源对着电话筒拼命呼叫："洛口！洛口！"对方没有回答。他哪里知道，当他夹着尾巴从源头东逃时，在洛口的许克祥也丢下阵地往东跑到头陂，与毛炳文靠拢了。突然，兄弟部队的一颗追击炮弹在这个师部门口爆炸，红军喊杀声自远而近，谭道源看来只有如何逃命的一条路了。

敌方全线不支，顷刻间官兵竞相溃逃。由于红三军未及时迂回到预定方向，谭道源率残部突围成功，向宜黄东南逃窜了。

这一仗，歼灭谭道源师两个团。

从12月30日到1月3日，红军在五天内打了两个大胜仗，歼敌13000余人，粉碎了蒋介石精心策划的第一次"围剿"。

湘江脱险

根据资料统计,红军在长征途中,几乎平均每天有一次遭遇战。在374天的长征中,有15个整天用在打大战上。

现在,1934年12月1日,中国共产党历史上有名的湘江之战,进入到最为残酷的白热阶段。连续数日的厮杀,阵地上已是尸横遍野,血流成河。此刻,炮弹仍在无情地呼啸,意大利黑十字架式飞机投下的炸弹爆炸声撕裂长空,挟带着血腥气的黑色烟云滚滚翻腾……

只有步兵轻武器的红军,正在迎击国民党军的疯狂猛扑……

就是在这个当儿,邓华陷入了空前的绝境。

他所在的一军团一师，于昨日凌晨奉命赶到二师扼守的全州以南的第一道阻击线脚山铺阵地，两个师共同抵御刘建绪四个师的进攻，至昨夜退守到第二道阻击线时，已经遭受了惨重的伤亡。

午后，师部传来军团电令，部队节节抗击，向西转进。

原来，此时，整个长征队伍的核心——红星纵队和红章纵队，已经安全渡过湘江（按：所谓红星纵队，系由中央军委人员组成，红章纵队是由中共中央和苏维埃中央机关人员组成）；整个红军，除被切断未能渡过湘江的五军团的三十四师和三军团六师的一个团外，已经全部渡过湘江。蒋介石精心部署的第四道封锁线，已被红军胜利突破。

红军在南北两个方向坚守阵地，阻击敌军，保障湘江渡口的战略使命已经完成。

邓华和刘瑞龙团长指挥着一师二团，在前面开路的刘瑞龙已经率部突破了封锁线；指挥断后的邓华，遇上从后面和左右方向三面的敌军的进逼。刚才，所部的一个营已经冲到前方山包后面了，而他，还有一名参谋、一名警卫员,被左右两方敌人密集的交叉火力卡住了。他们看到,前面收割完稻田后剩的禾蔸被子弹打着,屑片纷纷飞扬,后面的枪声也一阵紧过一阵。

三人匍匐在一条田坎边。

"遇上绝境了!"邓华心头升起一个闪念。

进也进不得,退也退不得!

在战场上,不论是指挥员还是战斗员,突然遇险的情况,都是随时可能发生的。

不容许有任何犹疑!

狭路相逢勇者胜!

"冲过去!"邓华向参谋和警卫员命令。

他随即纵身猫腰起跑,飞步跨过三丘田块,耳边"嗖嗖"声不绝——那是子弹在他的前后左右穿梭。

他翻身滚到田坎下,回望刚才起跑处,不见参谋和警卫员跟进。

他了解跟随他多年的参谋和警卫员,他俩一向反应灵敏,动作快捷,此刻为何没有跟进?如果受伤了,邓华相信,他们也会挣扎着作出回应的;难道双双中弹牺牲了吗?

"冲呀！"邓华再一次发出了命令。仍然不见他俩起步，也没有听到回话或任何回应的示意。

"嗒嗒嗒……"前面山包处响起了密集的机枪声。

准是3营同志接应他们的压制火力！他赶紧一个箭步，飞奔到山包边。

终于脱险了！

参谋和警卫员也许再也回不来了。在这种时候，他丝毫没有责怪他俩犹疑、畏葸，而是深深地敬仰着他们：他们肯定是为了吸引敌人的火力，掩护自己的首长，而甘愿牺牲自己！他在心底里说："一辈子也忘不了他们！"

差不多20年之后，在朝鲜战场，邓华指挥百万大军同以美军为首的联合国军作战的时候，一日，与伍修权闲聊，这位后来曾出任中国人民解放军副总参谋长的将军，说他几次遇险，大难不死，堪称福将。邓华说："我也是多次大难不死，也可以称为一员福将，然而，"他的话锋一转，"每当想起千千万万牺牲的战友，肩上像压着沉重的担子一样。没有他们，我这个福将是福不起来的。"

他的心中长留着那位警卫员和那位参谋的崇高的形象。

邓华脱险来到团部，同团长刘瑞龙等人会合，然后下去看望部队。那情景，比在战场上惨烈的厮杀还要使人肝胆欲碎。两军对阵，大家横下一条心，不是你死便是我活，哪管它血肉横飞，尸陈遍野。如今，朝夕相处的战友再也回不来了，亲如手足般的伙伴葬身在血泊里了，好端端一个团就这么点人了。

从江西中央苏区出发，全团为3100多人，一路上人员不断锐减，虽然不断"扩红"，到这次湘江之战前，也不过1700多人，而现在，仅仅800人！

炊事班做好的香喷喷的饭菜，搁在那里原封未动，竟然没有一个人吃，许多干部战士都在抱头痛哭！

"这哪里还像个部队！"邓华自语道。

他站在一个小山包上，向着自认为残兵败将的官兵们，大声说道："同志们，我们牺牲了那么多同志，确实痛心呵！"他的嘴微微向左下方抖动，这是他激动时特有的表情。此时此刻能没有感情的波澜吗？！但是，他是不轻易流泪的。

他立在那里，腰板笔挺，尖棱的古铜色的面庞向着人们，凹陷的两眼仍然喷射着严峻的光束。

没有在猛烈的沉重的风暴面前表现出强大承受力的品格，是无法成为称职的军事指挥员的。

"但是，"他抬高了嗓音，"我们全团指战员都是铁打的好汉，都是英雄。我们胜利完成了军委给予的光荣任务。告诉同志们，中央首长所在的红星纵队和红章纵队以及红军大部队已于今日渡过了湘江。同志们流血牺牲，已经粉碎了蒋介石的第四道封锁线，我们已经胜利开辟了西进的道路。"邓华顿了一瞬，两眼扫视全场，"同志们，吃饱饭，鼓足劲，迈开你的双腿，让我们去同兄弟二、六军会合吧！"

"现在开饭！"他示意随行参谋给他找来一个搪瓷碗，他舀了一碗饭，顺手折了两根树枝当筷子，便大口大口地吃饭了。

像闪电一般，在这个坡地里的数百名红军指战员，立时跟着行动，那一桶又一桶的饭菜，随之被吃光了。

半小时后，嘹亮的军号声响了。

刚才似乎丧失了信心的红二团，此时正踏着威严的步伐，向前，向前……

1936年2月初，邓华正担任一军团二师政治部主任，来出席在陕北延长县境的临真镇举行的一军团师以上干部会。会上，他听取了中国工农红军第一方面军政治委员毛泽东所作的东渡黄河，开赴抗日前线的战役部署报告。

"涉远祁连外，来从晋地游。这回东渡黄河，就看你们一军团和十五军团的了。"接连吸了几口烟，毛泽东的兴致来了，借用唐代诗人李白《渡荆门送别》中两句"渡远荆门外，来从楚国游"，略微作点变动，对聂荣臻等军团领导人和邓华等随同步出会场的师级干部说。

"报告总政委，我们红二师保证胜利完成任务！"刚满二十岁的干练的二师政委萧华迅速表态。

在这种场合，邓华本不想说什么的，他觉得，此时此刻这种表态，不符合他的性格。他有着刚烈暴急的一面，也有着不事张扬、冷静沉稳的一面。

善于观察人的毛泽东，发觉邓华眼神里异样的感情，对他说道："怎么呀？突破阎锡山河防堡垒，东渡黄河困难大得很哇！"毛泽东猜测邓华考虑东渡黄河的困难去了。

"妙算在胸，谋深计远，士气高昂，不愁河防不破。"机敏的邓华顿了一两秒钟，迅即说道，"我刚才是想起了李白的《渡荆门送别》诗了。"接着，他一字一句地背诵道："渡远荆门外，来从楚国游。山随平野尽，江入大荒流。月下飞天镜，云生结海楼。仍怜故乡水，万里送行舟。开阔，雄健，飞动，深远，真是好诗。"他隐匿了心中的奥秘。

"呵呀，一字不差！红军中还是有秀才的。"毛泽东笑了。

5月初，抗日先锋军回师陕北。下旬，邓华随二师参加了西征作战，11月又参加了著名的山城堡之战。山城堡一仗标志着第二次国内革命战争的基本结束。

12月12日，震惊世界的西安事变发生。

历史进入了一个新的阶段。

同月，红军整编，邓华任中央军委直属第一军团第一师政治委员，担任了师一级主要领导职务。

平型关大捷

昔日互相厮杀的两支队伍，中国共产党领导的工农红军和中国国民党指挥的军队，今天在抗日救亡的旗帜下，处在同一条战线上了。

邓华率领六八五团于1937年8月底渡过黄河，进入山西境内。指战员的帽徽不再是红五星，而是青天白日标志了。在黄河渡口上，国民党阎锡山部队联络官同邓华相遇时，在相互惊异地打量之后，立即紧紧地握手，之后联络官迅速为六八五团安排宿营地。

根据国共两党的协议，工农红军主力改编为国民革命军第八路军，下辖三个师，每师定员为15000人。此时一个团的兵力为3000多人，同江西苏区红军相比，差不多是一个军了。当年军团长林彪现任一一五师师长，当然，以下各级干部都下浮任职。邓华被任命为一一五师三四三旅六八五团政训处主任。

日本军国主义发动的全面侵华战争，气势汹汹，叫嚷"在三个月内灭亡中国"。在华北战场，日军在轻取北平、天津之后，正沿着交通要道，由北而南长驱直进，形势十分危急。

六八五团是在十万火急的情况下开拔的。主要干部还没有完全到位，就奉命开赴抗日前线。邓华和副团长肖远久，率领这3000多人马日夜兼程，如期东渡黄河，来到了山西境内。

"捐躯赴国难，视死忽如归。"邓华的思绪翻腾，即将到来的较量拼杀，仿佛是等待已久一般。教科书上近代史中丧权辱国的史实，曾使得少年邓华悲愤满怀；邓世昌、关天培等抗击外国侵略者英勇捐躯的壮烈故事，也曾使少年邓华热血沸腾。如今，他正率领着部队奔赴抗日战场，一种刚烈的浩然正气在他的胸间回荡！

9月初，杨得志、陈正湘等团主要领导干部，先后从保安抗大来到侯马，邓华以激越的心情迎接他们，就像他在团党委会上所说的，"各路诸侯到达，我们的枪就要上膛，剑就要出鞘了"。

1937年9月25日，傍晚，平型关战地。

邓华率领第六八五团第3营，乘胜紧追，迅速夺占一九〇〇高地。

邓华回首东望，在老爷庙至辛庄一线，依然是浓烟冲天，那是被击毁的日军汽车在燃烧；刚刚血战过的十里狭谷中，人声鼎沸，手电筒亮光忽闪忽闪，那是执行警戒任务的第六八六团第3营和闻讯赶来的成百上千的老百姓，他们正在打扫战扬，搬运战利品。

一天的惨烈厮杀，仿佛还在眼前……

25日晨，雨后初晴，战区的能见度极好。以100余辆汽车为前导，紧接着是200辆大车、九二式步兵炮以及少数骑兵殿后的一个联队的日军，4000余人，由灵丘方向开来，大摇大摆地进入从东河南镇到关沟的10余里长的狭谷之中。

卢沟桥事变以来，入侵我国华北地区的30万日军，夺占平津，攻陷张垣、大同，未遇到国民党军队的像样的抵抗，长驱直进，如入无人之境。他们哪里会想到，就在他们进攻平型关的道路上，竟然会有人布下了天罗地网！

7时许，日军全部进入预设伏击圈，第一一五师林彪师长、聂荣臻副师长立即下达了攻击命令。顷刻间，全线部队像猛虎下山般向日军出击，步枪、机枪、手榴弹一齐开火。前面的汽车被打坏着火，后面长阵被腰斩为数段，汽车撞汽车，马车碰马车，人挤人，一片混乱。冲下山的我军指战员趁势同敌人展开了猛烈的拼杀。

邓华在设在山坡上的团部从望远镜中看到，鬼子嗷叫着跳下汽车，或四处散开，同我争夺有利地势，或倚伏汽车底下，同我顽抗。

"日军训练有素，真是名不虚传。"看到敌人迅速从突然袭来的第一波冲杀中清醒过来时，邓华脑子里对日军的第一个反应是：这群敌人是不能小看的。

战斗空前激烈，残酷。一排排敌人，在硝烟中刀刃下倒下；一辆辆汽车，在手榴弹爆炸中燃烧。首先冲到马路上的第六八五团第2营第5连,在第一波冲杀中,炸毁日军汽车20多辆,在炸死、射杀、刺死大量敌人的同时,他们也付出了重大的伤亡。受伤的连长,拉响了最后一颗手榴弹,与逼近来的鬼子同归于尽;连长牺牲后,指导员负责全面指挥,指导员身负重伤后,排长接替指挥,两个排长又先后阵亡,班长又上前指挥,战至最后,这个连只剩下30多人了。

当这一切在望远镜里展现时,邓华面色铁青,一动也不动地站立着,周身血管里奔腾着的是森冷决绝。"拿我们的血和肉,去拼掉敌人的头!"心头似乎回荡着那血与火的歌声。在战场上,他是从来不讲仁慈的,他倾注全力关心的,是压倒敌人、摧毁敌人;如果必要,则是不惜一切代价,去夺取战争的胜利。战争的逻辑就是如此,古今中外,概莫能外。他和团长杨得志一道,不断地命令:

"猛冲!猛杀!"

"决不能让敌人夺取高地!"

敌人招来了飞机,他们立即命令:"近战,拼刺刀!"两军犬牙交错在一起,敌人的现代化装备无法施展其技。

预备队全上去了，就是身边的警卫排也最后投入了战斗：

"冲上去，消灭一切敢于抵抗的敌人！"

经过约5个小时天旋地转般的格杀，窜至辛庄及其以东之敌，已为第六八五团分割歼灭。随后六八五团又分出部分兵力往东，协助第六八六团，将冲到公路北侧高地老爷庙附近的残敌300余人全部歼灭。

至此，狭谷里的伏击战已经结束。据打扫战场的统计，这次在平型关地区作战，歼灭敌精锐的板垣师团1000余人，击毁汽车100余辆、大车200余辆，缴获九二式步炮一门、轻重机枪20多挺、步枪1000多支、掷弹筒20多个、战马53匹、日币30万元，以及其他军用物品、食品无数，其中单是军用大衣，就足够一一五师官兵每人一件。

当时国民党在华北有65个师又21个旅的兵力，达到70万人，是日军的两倍多，装备大大优于八路军。只是由于国民党当局实行片面抗战路线和单纯防御作战方针，导致它在华北战场的大溃败。而八路军第一一五师初上战场，就打了这么个大胜仗。

在八路军中，像邓华这样投笔从戎的将领的脑子里都有着帝国主义列强宰割中国的可怕图景。在最初引发他们参加红军、参加革命的诸多因素中，向帝国主义讨还血债便是重要的一条。

少年时代的往事涌上心头。十多年前念小学的时候，历史老师向同学们讲述日本帝国主义侵略中国的种种暴行之后，邓华曾经痛心疾首地在日记中写下12个大字："毋忘国耻！毋忘国耻！！毋忘国耻！！！"

今天，这是他首次同外国侵略者作战。望远镜中的图像还留在脑海：敌我双方的伤兵，不能使用武器了，还是扭打在一起，互相用牙齿咬，用身子压，战争之神的魔力竟是如此的不可思议！我军实行革命的人道主义，救护日军的伤兵。有一个日军伤兵，被我们的一个营长救出，可是在半道上，他竟然把背他的营长的耳朵咬去了。封建法西斯武士道精神，竟然把人麻醉到了这种程度！然而，"道高一尺，魔高一丈"，为誓雪国耻，为民族解放而战的八路军，却有着压倒一切敌人的英雄气概。虽然在这次作战中，第一一五师也付出了伤亡近千人的代价,但在恐日症、亡国论甚嚣尘上的时候,平型关大捷肯定会在振奋军心、振奋民心方面产生重大的作用。就连蒋介石得知这一捷报后,也来电向八路军表示祝贺。

　　站在一九〇〇高地上的邓华,迎着北国秋夜的寒风,心中无比的淋漓酣畅!

挺进冀东

1938年6月。

八路军第四纵队正在向冀东地区挺进!

挺进冀东,是抗日战争爆发后,党中央和八路军总部作出的一项战略决策。

冀东,即河北省的东部。它的东西两面连接着我国的东北和华北,南面为渤海,北面与伪满"国境"接壤;北宁铁路贯穿境内,连接着华北的政治、军事和工商业中心城市北平和天津。它的战略地位十分重要。

挺进冀东的目的,是要在那里进行游击战争,创建抗日根据地。

1938年4月27日八路军总部正式命

名，由宋时轮率领的一二〇师雁北支队和邓华率领的晋察冀军区第一支队合组的第四纵队，于5月间在平西的斋堂地区正式编成。宋时轮任司令员，邓华任政委。纵队下辖第十一、第十二两个支队，每个支队辖二个大队（相当于团），纵队司令部还直辖一个独立蕾和一个骑兵大队，总兵力5300余人，有枪2000余支。

6月初，四纵兵分两路出发：宋时轮率第三十四大队、第三十六大队、骑兵大队、独立营等部，出居庸关，克昌平，军锋东向；邓华率第三十一大队和第三十三大队，从康庄附近过平绥铁路，经延庆、永宁、四海、沙峪，直指冀热边。半个多月来，两路劲旅纵马挥戈，长驱数百里，歼敌千余人，除第三十六大队和骑兵大队留在平北开展游击战争外，主力已进至北起雾灵山，经兴隆至南抵镇罗营、靠山集一线。

在日伪残暴统治下的冀热边老百姓，此时此刻，该是何等的振奋啊邓华率部拿下永宁后，永宁捐税局立刻把存款1000元送来，夺占四海之后，附近民众自动募捐慰劳，杀猪宰羊送给部队。石匣的一个商会一次就送来400双鞋。

6月22日，四纵党委在长城一侧的将军关开会。几天前的6月18日，主力主动撤出兴隆城后，便开到兴隆的西部和西南部的北庄、镇罗营、靠山集、将军关一线。这日，聂荣臻司令员来电，指示四纵宜依靠雾灵山向四周发展，以兴隆、遵化、迁安地区为根据地。邓华主持的将军关会议，就是研究如何落实聂司令员的这一指示。

聂荣臻司令员在电报中表彰四纵指战员在向冀东进军中取得的许多胜利，赞扬指战员的勇敢、坚韧、机动精神。会上，大伙儿一边抽着缴获的日军"樱花牌"香烟，一边听取邓华转达聂司令员的表彰，一个个情绪高昂。

这时，侦察参谋忽然来报，在南面靠山集我军一个营被日军冲散，靠山集被占领。原来，四纵进军冀热地区以来，日军在遭受一连串打击后，迅即调兵遣将，企图合围四纵主力于立足未稳之际。现在，来自邦均、蓟县、平谷、承德、兴隆之敌5000余人，内有一个日军中队，从几个方向向四纵主力集结线袭来。

邓华一听，未动声色。南征北战十年来，都是同优势装备敌人作战，各种惊险场面他还少见了？然而，他的两个指头却不知不觉地掐灭了正在燃着的"樱花牌"香烟。他向与会者报告敌情后说道："靠山集离这里不过30里路。现在，请大家发表意见。"邓华的指挥习惯是：下决心前，尽可能多地听取多方面的意见，一旦下了决心，就是铁定的，就必须一往无前地去实现这个决心。

"打，把靠山集夺回来！"

"这一带是山地，正好发挥我军作战优势，把鬼子杀他个落花流水！"

大队长们一个个摩拳擦掌，要求纵队下命令。

邓华静静地听着，半个多月来行军作战，高度紧张的操劳，接二连三的不眠之夜，他瘦了，本来显得突出的颧骨更突出了，没得时间理发修面，胡子拉碴的，但他深陷的两眼仍然炯炯有神，一眨也不眨，简直使人望而生畏地扫视着每一个发言者。他的嘴唇左侧不时地颤抖着，有时牙齿咬得咯咯直响——他的思绪在翻腾着，撞击着。他的脑海里闪出沙峪之战的惨烈的战斗情景：

6月初，邓华率部越过平绥路，拔除四海据点，歼灭日伪军百余人之后，在向沙峪行进途中，与日军板垣师团一部200多人进行了一场血战：从上午11点一直打到下午4点，200多鬼子，除漏网七人外，悉数被歼。消灭了这么多日军，这当然是一个了不起的胜利，但是，我军也伤亡了百余人，第三十三大队总支书记郑良武壮烈牺牲，纵队参谋长李钟奇负重伤。尽量避免于我不利的战斗，如果当初朝这方面多想了一想，也许不会下决心去吃掉这股敌人，自己也就能更多地保存实力……

邓华终于舒缓了下来，他重新燃起了一支"樱花"香烟，说道：在情况不明，军机骤变条件下，一个指挥员需要特别冷静。"

与会者定神地听着，刚才急切求战的心情，被这突然劈来的话语沉沉地锁住了。

"敌人的企图是找我主力决战，我们则反其道而行之，避实就虚，跳出包围圈，而后再回旋作战消灭敌人。"

事情就决定下来了，部队立即化整为零，于当夜向兴隆北部马圈子一带进击，成功地抄列敌人的后背去了。

与第四纵队挺进冀东的战略行动相协调，在党中央统一部署下，由北方局和河北省委领导，冀热边特委正在发动和组织冀东人民武装起义。

中央指示：起义的时间要以八路军到达的时间为准，八路军到哪里就在哪里发动起义。

然而，负责发动和组织起义的冀热边特委，由于没有无线电等通讯联系设备，虽然知道八路军正向冀东进军，但并不知道进军的确切情况。听取中央负责同志关于发动和组织起义指示的河北省委负责人，也还在从延安返回天津的途中。冀热边特委于6月下旬在冀东田家湾子召开的军事会议上，只能按照原来的约定的青纱帐起时的意见，决定在7月16日实行起义，起义队伍的名称是"冀东抗日联军"，下辖三路六个总队，由李运昌任抗联司令员。

不久，冀热边特委得到情报，说八路军部队已到达蓟县靠山集一线，同时，又有消息说日军马上要收缴在冀东民间的枪支，是不是敌人察觉了暴动计划，于是把原定的武装暴动日期提前到七月上旬。

在第四纵队胜利进军的鼓舞下，冀热边特委发动组织的武装抗日大起义（暴动），于7月6日，首先在滦县港北爆发，随后迅速遍及丰润、迁安、遵化、昌黎、乐亭、蓟县等地。

第四纵队快速东进，引起日军的严重注意，慌忙调集冀东和热河的日伪军，赶来拦截阻击。日伪注意力集中到对付四纵，这也为冀东人民武装暴动提供了契机，因此起义的风暴迅速席卷了整个冀东地区，参加起义的工农群众如潮水般涌来。一些有民族意识的国民党势力，地主的民团，乃至伪政权的保安队和警察武装，也纷纷参加到起义队伍中来。起义武装多达十万之众，他们配合四纵或与四纵相呼应，先后攻克兴隆、乐亭、宝坻、平谷、蓟县、迁安、卢龙、玉田等县城，占领了冀东大部分村镇，几乎摧毁了遍布冀东和热南农村的敌伪政权，并使得日寇的交通大动脉北宁铁路中断半个月之久。

从北平日军华北派遣军司令部到伪满新京皇宫，

再到东京帝国大本营，都在惊呼："延安触角伸进冀东，热河、冀东行政无法行使！""北宁铁路中断，危及帝国安全！"他们正在加紧策划，准备向四纵和抗日联军扑来。

四纵主力从靠山集突出日伪重围，来到兴隆以北墙子路、马圈子一线，获得短暂休整。紧接着邓华主持召开了纵队党委扩大会议，会议决定必须建立根据地，宋时轮率第三十四大队、第三十六大队在平谷、密云、蓟县一带工作，站稳脚跟；邓华率第三十一、第三十三两个大队进入平螟，到玉田、丰润、遵化地区，配合那里的人民武装起义，开展游击战。

雁北反扫荡

1941年秋天邓华被任命为晋察冀边区第四分区司令员兼政治委员。

第四分区是晋察冀边区党政军首脑机关所在地。它位于滹沱河两岸，平原多，地域大，而且盛产稻谷。一次，晋察冀军区司令员聂荣臻登上四分区内东西黄泥大山，朝滹沱河两岸望去——

嘿！河两岸的稻子一片金黄，他不由得激动地说："你们看，滹沱河两岸，真是晋察冀的'乌克兰'！"

日寇对雁北扫荡时，推行罪恶的杀光、抢光、烧光的"三光"政策。

1941年以后，晋察冀抗日根据地同敌人作斗争的主要形式是扫荡与反扫荡的殊死搏斗。第四分区的特殊地位，使得它成为日寇每次"扫荡"的重点。邓华坚决地执行不同敌人硬拼的指导方针，指挥分区军民广泛开展游击作战。分区主力部队、地方部队和民兵的协同配合，内线与外线广泛夹击，使敌之扫荡都付出惨重的伤亡代价。分区武装力量，不仅生存下来了，而且在斗争中成长。

1942年10月15日凌晨4点，四军分区司令部作战室，电话铃在急促地响着。

"是五团来的吗？"司令员问，语声中带着焦躁与期待。

邓华一夜没有合眼，他在等待一项重大作战行动的回报。

进入1942年，日寇推行的扫荡、封锁、蚕食，对边区的威胁很大，特别是以堡垒推进为核心的"蚕食"活动，已由边区的四周平原向腹地山区推进，边区处境空前困难。在9月在四分区平山县寨北举行的边区党政军干部会议上，聂荣臻司令员正式提出了"到敌后之敌后"对敌斗争方针，就是组织大量的游击队，向敌后开展活动，把敌人从面的占领压回据点去，在敌占区建立众多小块游击根据地，以阻止敌人继续进行面的占领。为了贯彻"向敌后之敌后挺进"的方针，经过缜密研究后，10月14日夜，邓华下达打到沟外去攻占灵寿县城的作战命令，由第五团执行，第八区队两个连配合。

邓华不等作战参谋回答，迅即拿过话筒：

"是五团吧？呵，一切进展顺利，好极了！"司令员疲惫的两眼顿时闪着光彩，"你回答我两个问题：一，内线接应了吗？二，我方伤亡情况？"

紧接着几个"好极了"之后，邓华说道："我代表分区司令部、政治部传令嘉奖！"

邓华将话筒交给作战参谋："详细记录！"同时对在一旁的参谋长易耀彩说："速报军区！"

第二日，10月16日，《晋察冀日报》头版头条报道八路军一举攻入灵寿县城消息，经过四小时激战，击毙敌伪40余人，俘敌200余人，缴获步枪、短枪90余支，煤油50桶以及其他许多军用物资，甚至连日本帝国政府刚上台的首相东条英机颁发的金质奖章也缴获来了。在该城伪军中我方内线接应下，攻占该城十分顺利，我方仅阵亡一人，轻伤十四人。

《晋察冀日报》还同时发表祝捷社论说："当着敌人在北岳区周围扬言'扫荡，加紧其蚕食，推进的时候，我们边区特别是北岳区人民，欣闻我军攻入灵寿城的新的胜利，谨向我子弟兵的英雄们致热诚的敬佩之意！"

1943年12月中旬。

根据敌人扫荡一时在兵力配备上"前紧后松，前强后弱"的弱点，在敌人收兵撤退之时，邓华司令员向所部各种武装力量，下达了主动寻机歼敌的命令。

入侵四分区之敌于12月11日分路撤兵，他们把"扫荡"失败的恼怒向着手无寸铁的老百姓发泄：12日，在西岗南村，强迫135名老弱妇幼背靠滹沱河排成一方形活靶子，然后用机枪步枪扫射，有几个不倒的，又用刺刀捅……人民的鲜血染红了呜咽的滹沱河！

"日寇在西岗南村欠下的血债，现在该由日寇用血来偿还了！"在部署战斗任务时，邓华怀着深沉的悲愤，用钢流铁火般的语言，动员着指战员们。

主动攻击的各个目标，经过侦察和各方面情况综合分析后，制定了周密的作战计划，都已经报请司令部，由邓华审查批准了。

现在，讨还血债的第一个目标：夺取孟耳庄据点的战斗，在神不知鬼不觉的诡秘中打响了！

孟耳庄据点位于平山县东回舍北偏西的高地上，这里有伪军一个小队24人，鬼子常住的12人，有时可多达一个小队。鬼子依仗着装备好，弹药足，火力强，气焰凶狠，经常在里边酗酒作乐，轮奸妇女。

15日10时30分，伪军中两名地下党员按照事先约定的时刻放下了吊桥，伪装成送物资民夫的七名八路军战士，立即汇合这两名地下党员，分成3个小组，一个小组冲向鬼子住处，朝着酗酒后还在横七竖八昏睡的鬼子甩出两个手榴弹；另一组来到敌九四炮兵阵地，将四名炮手迅速击毙；第三组直趋伪军，汇合伪军中的内线，威逼伪军放下了武器。

战斗仅仅用了15分钟，14个鬼子全部被消灭，36个伪军全部被俘，缴获九四山炮一门，炮弹4000

发,九二重机枪两挺,歪把机枪两挺,掷弹筒四个,步枪20支,子弹5万多发;释放民夫4人,解放被抓来的妇女4人,还有一大堆粮食饼干以及两头活猪。

仅仅七名战士,就这样无一伤亡干净利落地端掉了这个日军据点!

然而,在通往孟耳庄据点的山间谷地,埋伏着分区主力第五团的第三连和第三十六团的两个连,一共三个连,准备打敌增援:为的是做到万无一失。

"不打无准备之仗,不打无把握之仗。"战则"力求全歼,不使漏网"——是邓华在作战指挥中努力遵循的原则!

1944年2月,邓华被任命为晋察冀军区机动旅政治委员。机动旅由军区第一、第五、第九和第三十四团以及独立团、骑兵团等部组成。3月,他与旅长黄永胜奉命率机动旅开赴延安,执行保卫陕甘宁边区、保卫党中央任务。在延安,他一直待到1945年8月抗日战争胜利结束。

血战四平

历史进入了一个新的时期。

日本人投降了,抗日战争结束了!

毛泽东在这一年的 4 月 24 日在《论联合政府》报告的结尾中说的:"一个新民主主义的中国不久就要诞生了,让我们迎接这个伟大的日子吧!"

共产党人正是为着这个伟大的日子,而去开拓,而去战斗的!为此他们正以急于星火般的紧迫,奔赴新的战斗岗位!

8 月,邓华在延安参加干部会议时,聆听毛泽东所作题为《抗日战争胜利后的时局和我们的方针》的讲演。毛泽东告诫大家说:"蒋介石的方针已经定了。按照其方针,是要打内战的。按照我们的方针，人民的方针，是不要打内战的……如果两方面都不要打，就打不起来。现在不要打的只是一个方面，并且这一方的力量又还不足以制止那一方，所以内战的危险就十分严重。"

原先中央决定的总的战略方针是"向北防御，向南发展"。但就在同一天，又急电发出题为《目前任务和战略部署》的党内指示，指出全国总体战略方针是"向北发展，向南防御"。中央决定抽调大量主力部队和大批干部迅速向冀东和东北出动。中央在电示中高瞻远瞩地说："只要我方能控制东北及热、察两省，并有全国各解放区及全国人民配合斗争，即能保障中国人民的胜利。"

东北，已被置于关乎全国胜利大局的主要战略位置上。

与此同时，国民党方面也急于夺取东北，它在美国海军和空军帮助下，向东北空运、海运部队。10月19日和29日，国民党第十三军和第五十二军先后在秦皇岛登陆，大批后续部队也在源源不断启运。

这时东北由苏联红军控制。根据苏联政府和国民党政府签订的《中苏友好同盟条约》，苏军要把东北移交给国民党政府和国民党军队。但是，八路军捷足先登，早在9月5日，冀东部队即到达沈阳。所有进入东北的部队统称东北人民自治军，1946年1月，又改称为东北民主联军。

为了争取合法身份进行合法斗争，进驻沈阳市的八路军称之为保安部队。11月8日，邓华出任辽宁省保安副司令兼沈阳市卫戍司令。

1946年3月苏联红军开始从东北撤退回国。3月18日，邓华所部保一旅与兄弟部队一道，从伪满军警手中夺取了四平市。四平，地处东北腹地，战略地位十分重要，历来就是兵家必争之地。1946年5月国民党夺占四平之后，极力经营，企图凭借四平的战略地位，达到分割东西南北满，进而各个击破解放军的目的。这次攻占四平是为人们所称的首战四平。

4月至5月，国民党军主力向四平发动进攻。在民主联军首长统一指挥下，邓华所部保一旅配合民主联军主力，在四平地区血战一月。这次四平保卫战，被称之为二战四平。

1947年6月初，空前激烈、残酷的四平攻坚战——三战四平拉开了序幕。

东北民主联军于1947年5月发动夏季攻势，南北满两大主力同时行动，对攻四平地区。这个攻势的第一阶段，要求歼灭分散守备和增援之敌，打通南北满联系；第二阶段则是乘胜攻取四平。

辽吉纵队于5月下旬接到命令，协同第一纵队进行四平攻坚战。邓华立即率部向四平进逼，扫除其外围据点，并在四平西南郊挖掘战壕，构筑工事。在这个过程中，邓华像往常一样，进行认真的敌情调查，他认为，自己掌握的第一手的敌情，才是最可贵的——这是他以往指挥作战中用血换来的经验。

当时一般判断四平守军主要是陈明仁指挥的只有18000人的第七十一军残部，但四平地区的南面和北面则仍有重兵，特别是南面的沈阳地区是国民党军队在东北的总部所在地，仍有足够的机动兵力。因此，民主联军总部部署十七个师担负南北阻敌援军任务，其中南面打援兵力达十余个师。

根据邓华司令员的部署，辽吉纵队的直属侦察队和各师侦察队等侦察力量，立即运用多种手段：抓俘虏、抓逃兵，直至潜入敌区捕俘；各级指挥员特别交代，一定要抓获敌连以上军官。邓华和政委、参谋长等人，对来自多渠道的敌兵力情报做了全面的综合分析，并且分片划区逐点计算后，确认实际四平守军在30000人以上。

邓华在了解守军兵力的同时，还对其火力和工事构筑情况进行了调查。面对所获悉情况，邓华立时陷入沉思：我两个纵队攻取四平，我与敌兵力对比优势不大，因而把握不大。如果用3个纵队拿下四平比较有把握。他准备向东北民主联军总部提出建议。他认为，如果打不好四平这一仗，人力物力遭受损失，不仅影响部队士气，还会影响夏季攻势战果的扩大，可能短时期内使我在东北战场战略上处于被动地位。他随即草拟给上级的电报稿。

林彪没有回电，但增调了一个师，第六纵队第十七师于6月6日奉命南下四平参战。

6月14日20点，对四平的总攻开始，炮火准备二十分钟后，西南方向、西北方向和东面同时发起攻击，战况空前激烈，20点30分，西南方向首先突入市区……

到15日，西北方向辽吉纵队和东面第一纵队第三师均未突入市区。守敌因此得以集中主要力量抗击突入市区的第一纵队，该纵队伤亡之大，可以想见。

邓华明白，当务之急是竭尽全力指挥部队不惜代价，迅速突入市区。他立即带领三个参谋前往担负西北方向右翼的第一师指挥部……

却说四平守敌陈明仁为固守四平，精心部署，日夜构筑工事。他采取核心工事体系，不只是点和线的工事，而是包括钢骨碉堡、盖沟、暗堡等在内的全面的工事体系，加紧训练，备足弹粮。民主联军从两个方向突破，他采取法西斯督战队办法，强迫士兵，进行逐垒、逐巷、逐街地节节抵抗，并且不断向杜聿明总部求援，要求急调援兵南北夹市攻城部队。

至此，四平前线指挥部才察明四平守敌竟多达34000余人，敌人凭借永备工事拼死顽抗，并出动空军进行天上地下一体作战。这就是说，战前对敌兵员数量、战斗力和工事体系的估量,都不正确。

民主联军总参谋长刘亚楼,在战后一次总结会上称这次作战是"打莽撞仗"。他说:"我们四平攻坚战,是在敌军外围据点没有肃清,甚至连一张四平城区的地图都没有的情况下发起攻击的。"

19日,预备队第十七师投入战斗,接替伤亡较大的第一纵队第一师;同时急电民主联军总部:火速增派援军。

战场真是达到白热化程度:

一条街一条街地往里打,开头还是沿街打,手榴弹频频爆炸,子弹上下左右穿梭,接着是挖墙打洞往里攻,有时还一层楼一层楼、一间房一间房地互打。燃烧弹,照明弹,飞机投掷的曳光弹,以及被炮弹打着的民房和其他建筑物,都在熊熊燃烧。夜里满城火光,如同白昼,白天浓烟滚滚,满眼火红血红。弹洞弹穴像筛子网一样密……

就在这个血与火疯狂交织的时刻,邓华来到市中心区的气象台。

"司令员!这儿危险!"辽吉纵队第一师师长马

仁兴和政委邓东哲非常担心邓华的安全。

"少废话！快讲当前情况！"邓华声音嘶哑，他已经五六个通宵没有合眼，然而布满血丝的两眼，像是要喷火一般。"不惜一切代价攻下军部大楼！"

这是6月19日，陈明仁本人已经撤离军部大楼，转往铁路东市区继续顽抗，而军部大楼则由陈明仁的胞弟陈明信任团长的特务团死守。民主联军突入市区两三天来始终没有拿下这座大楼。

辽吉纵队第一师和第二师的两支突击队，在两线轻重机枪火网和兄弟师火力掩护下，向军部大楼发起了最后冲击！

随着一连串巨大的爆破火光，勇士们冲进了这座坚固的三层大红楼，经过逐楼、逐房争夺，终于把胜利的红旗插上屋顶，并且在地下室里，活捉了陈明信。

至20日，铁道以西市区敌人已被全部肃清，从21日起转入对路东的攻击。第一纵队、辽吉纵队和第六纵队的十七师将敌逐至东北角，控制了四平市区3/5以上的地区。然而，经过十余天连续作战，第一纵队和辽吉纵队伤亡很大，无法进一步取得战果。

而四平守军此时也是伤亡惨重,守备军部大楼的特务团被全歼。第八十八师的主力团第二六二团3000余人,仅剩下100余人,团长程杰负重伤。

两次嘉奖令

1947年8月5日,辽吉纵队奉命改编为第七纵队,正式上升为主力部队。邓华任司令员,贺晋年任副司令员,政治委员由辽吉省委书记陶铸兼任,副政治委员为吴富善,参谋长高体乾,政治部主任袁升平,第一、第二、第三个师,依次改称为第十九师、第二十师和第二十一师。

1945年11月,邓华撤离沈阳市时,仅仅带上保一旅,向辽西地区转移。在一年多时间里,通过扩编,合编,溶俘,居然七滚八滚成为拥有三个师的纵队了。1947年4月被命名为辽吉纵队前后,即以主力姿态出现,在东北战场上屡建战功。四平攻坚战后在郑家屯(今双辽)地区稍事休整时，又正式上升为主力，全纵队上下士气高昂。

这个时期关内捷报频传，6月30日，刘（伯承）邓（小平）野战军4个纵队一举突破黄河天险，发起鲁西南战役，歼国民党军九个半旅后，向大别山地区挺进；8月22日，陈（赓）谢（富治）集团两个纵队在晋南强渡黄河，挺进豫西；9月上旬，陈（毅）粟（裕）野战军8个纵队跨越陇海路，进至豫皖苏地区。西北解放军于8月转入内线反攻。人民解放军已经由战略防御转入战略反攻阶段，主力打到了外线，将战争引向了国民党统治区域。

在关外，东北民主联军于9月发起了秋季攻势，要求大量歼敌，扩大解放区。民主联军总部于9月27日命令邓华率第七纵队挺进到新民——黑山和巨流河——新立屯之线，担负破坏北宁铁路和阻止新六军北返的任务，并要求于10月1日到达指定区域，大胆破袭铁路。

与辽吉纵队同时上升为主力的第八、第九两个纵队，此时已经打响，第八纵队于9月14日至18日，将国民党军暂编第二十二师和暂编第五十师的各两个团，歼灭于锦州以西的梨树沟门和杨家杖子一线，紧接着，于22日，第八纵队和第九纵队又将由锦州出援的第七十九师和第一零五师（缺一个团）加以歼灭。

人家打了胜仗，都"鸟枪换炮"了呀。

邓华的心早就系在战场上了。

接到民主联军总部的命令之后，一切按最快的速度部署着，所部3个师于当日和次日从郑家屯附近地区，分左中右3路向战场进发。邓华等纵队首长则纵马南驰，先期到达辽吉军区的第一分区司令部驻地康平，这里接近战场，便于进一步了解法库、彰武、新民等地，特别是法库的敌情。

在第一军分区司令部作战室，参谋长高体乾正就着墙上辽西地区地图，介绍战场敌情：

敌暂编第一七七师驻守法库，虽说有一个师，但未满员，约3500人左右，且系地方保安部队改编，战斗力不强，但工事坚固；暂编第五十七师第一九六团守彰武；暂编第五十七师师部率第一七零团、第一七一团驻守新立屯，暂编第五十七师比较有战斗力；新民及其附近地区只有新编第二十二师据守，这个师属新六军编制，能打仗；黑山、大虎山为少数地方部队防守；敌之煤矿区阜新、海州一带由暂编第五十一师防守，北宁路之新民——大虎山段120公里仅以第一八四师及交警部队守备。

"我们执行到新民以西破路，并截击新六军北返任务，需要越过洪库、彰武。如果按预想同新六军打起来，将是很激烈的战斗。那时，如果法库彰武之敌从背后打过来，我将腹背受敌，处在敌人三面包围之中。即便这两处敌人不敢出来，我们前送弹粮，后运伤员，也会受到很大威胁。"司令员分析了战场形势后，继续说道，"为掌握主动权，应当考虑把法库、彰武拿下来。"

要拿下法库、彰武，似乎是司令员早已有之的腹案，因为，为了完成破路任务，早在受命之初，便命令第二十师向新民地区北宁线前进，并同时电令第一分区首长率蒙骑第一师和分区部队驰往新民地区，会同第二十师执行破路任务；而主力第十九师和第二十一师，则从左右两翼直趋法库、彰武方向，看来来到康平，只是进一步验证原来的设想是否符合实际罢了。

"问题是法库能否拿下，否则误了阻击新六军任务，就要犯不执行命令的错误。"是副司令员贺晋年的陕北口音，"总部没有命令我们打法库、打彰武呀！"

"分兵法库，可能影响破路和截击任务的顺利完成，既然总部没有命令我们打，以不打为好。咱们可以绕过法库秘密南下。"

副政治委员吴富善也表示了看法。

邓华认真听着，慢悠悠吸着烟，接着把目光转向政治部主任袁升平和高参谋长。如同司令员所料想的，他俩都支持夺取法库和彰武的意见。

邓华迅速作出先攻占法库的决定。他说："林总我知道，只要打了胜仗就行了，再执行命令，打不了胜仗也不行。"

第二十一师在南下康平途中接到奔袭法库的命令，为了确保兵力优势，第三军分区独立团配属第二十一师作战。在师长李化民具体指挥下，一昼夜强行军180里，于10月1日拂晓前突然包围法库，当时敌人毫无察觉，正悠然自得地吹起床号。远距离突然奔袭，敌猝不及防，收到了出敌不意，攻其无备的效果，发起猛烈攻击后仅一个小时，即全歼敌一七七师。敌我伤亡比例为11∶1还不到。

有意思的是，对于这个没有命令的胜仗，林彪立即签署了嘉奖令，表彰七纵机动灵活，迅速攻取法库，全歼守敌的胜利。

此时，破路的部队已有一个步兵师和一个骑兵师，还外加了一分区部队，足以完成任务；而且，也未发现新六军沿北宁路北返迹象，因此，邓华立即决断第十九、第二十一师进一步扩大战果：攻取彰武和新立屯，既要有把握地攻下来，又要在一旦发现新六军北返时执行阻击任务。第十九师于10月7日顺利攻下彰武，歼敌暂编五十七师之一九六团千余人。新立屯敌军认为解放军最快要五天后才能到达。谁知第二十一师在第十九师一个团配合下，又采取不顾疲劳远距离奔袭战法，冒着骤然飞雪的寒冷天气急进，在攻占彰武后的次日就到达新立屯附近的泉眼，将新立屯包围，并于10月10日拿下新立屯，全歼守敌暂编五十七师师部并两个团共3500余人。第二十师破路至北宁线上的饶阳河后，于10日光复黑山，守敌骑兵第四旅在仓皇逃遁中亦被歼俘一部分。新立屯与黑山之役，第七纵队是以1∶20的伤亡比例歼敌的。

从10月1日到10日十天中，第七纵队在邓华等指挥下，长驱六七百里，横扫大半个辽西，夺占四城，歼敌七八千人。林彪再一次签署嘉奖令，表彰第七纵队积极求战主动出击的果敢英勇精神。当时新华社从东北前线发出的专电评论道："至此，民主联军不仅剪断沈阳与义县间的铁路联系，而且将更直接的以强大兵力捶击蒋军北宁路之沈阳锦州段，并与北宁路中段锦州山海关间我军形成一线作战。"对第七纵队辽西作战给予高度评价。

第十九师和第二十一师在打下彰武、新立屯后，即在北宁路新民至大虎山段破路，邓华严阵以待，盼望着同北返的敌新六军的一场激战。他命令参谋部门密切注视新六军的动向，可是连日不见有新的消息。

这日，邓华同参谋长高体乾倒摆开了战局——下象棋了，邓华安下当头"炮"，直取对方"卒"子，正准备再调"炮"，来个重"炮"将军时，没想到参谋长杀出了连环"马",踩了他的一门"炮",还连带下了一枚"车"。邓华忽然把棋子重重一拍:"你这连环马太厉害了,不下了?"他把棋盘一掀,棋子散落一地。

"老哥(其实高体乾比邓华小一岁),咱们还是牵羊去。"他像顿有所悟似的,"《三十六计》中,有'顺手牵羊'一计,记得吗?"

"我说,你怎么失了'炮'又丢了'车',原来走了神了。"高体乾笑着说。参谋长也是熟读了兵书战法的,接着说道:"顺手牵羊的要害是伺隙捣虚……"

"走,咱们到作战室去!"不等参谋长说完,邓华便拉着往隔壁房走。

他们又部署了新的战斗——

10月16日,两柄利剑嗖嗖地出鞘,直取著名的煤矿城市——阜新。

10月17日,第十九师一举攻克煤城,歼敌暂编第五十一师1300余人;第二十一师也于同日拿下阜新东北的新丘,歼敌暂编第五十一师师部和一个团全部。

17天，一路"顺手牵羊"过来，接连拿下6座城市，歼敌3个暂编师，打的都是命令以外的仗，都打胜了。

缴获的物资真是堆积如山，邓华指示部队把缴获的武器装备和军需粮食被服等，分送给地方武装和人民群众。他还抽调不少干部到辽西各县做地方工作，加强地方革命政权建设。

攻克锦州

辽沈战役即将打响!

毛泽东在1948年9月7日给林彪等人的电报中说:"你们应当注意:(一)确立攻占锦榆唐三点并全部控制该线的决心。(二)确立打你们前所未有的大歼灭战的决心,即在卫立煌全军来援的时候敢于同他作战。"

这时,国民党东北"剿匪总司令部"总司令卫立煌集团,兵力达55万人,其中正规军48万,主要龟缩在锦州、沈阳、长春三个孤立地区。东北人民解放军则已发展到12个纵队,还有若干独立师和特种部队,共70万人,外加地方武装33万人,合计103万人,并且已经解放了东北

97%的地区和86%以上的人口。

这一场辽沈战役，不仅关系到能否歼灭东北国民党军，而且关系到预计的平津战役、淮海战役能否顺利进行，关系到整个革命。

这对于一个有作为的军事家来说，对于一个站在时代的巅峰敢于搅动历史风云的军事指挥员来说，对于一个早就盼望着这一天到来的身经百战的将军来说，该是何等地心潮起伏、热血澎湃！

然而，此刻，东北人民解放军第七纵队司令员邓华却是沉稳到近乎冷漠而严酷的状态！

在纵队司令部的作战室里，巨幅的辽沈地区地图上，红色的、蓝色的箭头，似乎在跃动，带着硝烟，带着血与火，在这个锦（州）榆（山海关）唐（山）地区，激烈地碰撞！

邓华，他时而铁定地立着，注视着战争之神的黑色大氅所覆盖的地图；时而急促地踱步；时而舒缓地走动，他一支接一支地吸着香烟……

在辽沈战役第一阶段作战中，邓华受命指挥两个纵队，即第七纵队和第九纵队，会同第三纵队和第八纵队，担负攻歼锦州守军的任务。

锦州守军为东北"剿总"副司令兼锦州指挥所主任范汉杰指挥的新编第八军三个师、第九十三军两个师（其另一个师据守锦州外围的义县），第六兵团直属的第一八四师和由沈阳空运来的第七十五师（欠一个团），此外，还有指挥所直属和野炮营，105榴炮连和战车连，兵力达10万余人。

以4个纵队12个师，攻击敌7个师，我军并没有形成起码兵力一倍于敌的优势，且不说这锦州乃敌军坚固设防的势在必争的战略要地。

难道还要重踏四平攻坚战没有集中优势兵力的覆辙？

按照东北人民解放军总部的部署，在攻取锦州之战时，12个主力纵队中，有7个纵队用于锦州南北方向打援，即两个纵队阻击锦西、葫芦岛方向援敌，五个纵队拦截沈阳方向援敌，另一纵队用于围困长春之敌。

邓华的眉头紧锁：这样的部署阻援虽有把握，但攻击锦州的兵力就不够了。9月12日我军完成对锦州外围义县守敌的包围，于17日开始攻击时遇到了顽强的抵抗，连日来没有多大的进展。

义县一个师的守敌尚且如此，有七个师镇守的锦州，难道能够小看吗？攻打锦州不能速决，时间拖长，南北援敌就有可能会师锦州，那么，"关门打狗"就会成为一句空话。

反之，如果增加攻击锦州兵力，在敌南北援军未到之前迅速拿下锦州，歼灭守城敌人，那就不只是回师阻援问题，而是像中央指出的，打前所未有的大战，一举全歼东北国民党军队的问题了。

锦州，锦州啊，这可是这次大战役第一阶段的重点！是牵一发而动全身的要害之处啊！

"司令员！"邓华一惊，沉思中听到参谋长的招呼，"东总（即东北人民解放军总部）来电，转来锦州城防工事图。"隐蔽在敌人巢穴的地下工作人员的工作真是做到家了，一个又一个的情报传过来了，对锦州敌指挥部的一举一动几乎了如指掌，这正是指挥员求之而不易得的事。

"老高，我还是积习不改呀！"邓华接过城防工事图，只是瞥了一眼，"我看，得向'东总'发个电报，表明我们的想法：攻锦州应以二分之一的兵力即六个纵队，这样才有把握在援敌未赶到之前迅速拿下锦州，这样就取得了整个战役的主动权。"

"打援部署的兵力大，可能是林总担心卫立煌从沈阳倾巢出援。"

"蒋介石早就有打通沈锦线，把东北主力撤回关内的意向。卫立煌倾巢出援，有这个可能。"邓华同意参谋长这个分析，可是，立刻回到本题，"正因为如此，才需要迅速全歼锦州守敌，扼住锦州这个东北的咽喉，这样封闭东北蒋军才有可能。"

邓华当然知道集中优势兵力歼敌这个古往今来兵家奉为经典的军事原则，四平攻坚战的失误，主要是由于对敌情判断错误，轻敌急躁，作为总部指挥员则是没有亲临前线。四打四平，集中绝对优势兵力，23个小时全歼守敌，便是他指挥艺术的杰作。而眼前，正当这个战略决战的关口，能不能在锦州作战这个至关重要的时间与空间上，集中绝对优势的兵力呢？

如果说，在三战四平之后，他在林彪心目中有过什么"信任危机"的话，那么，一年多以后的今天，林彪对他则是十分器重的。要不，怎么会部署他在攻取锦州之战中担负战役方向的指挥员呢？他不只是指挥一个第七纵队，还同时指挥第九纵队哩！

认定了的事，24门排炮也轰不脱的。邓华，没有瞻前顾后，建议用六个纵队兵力攻取锦州的电报发出去了。

10月1日，第三纵队和配属的第二纵队第五师攻占了义县，全歼守敌第九十三军暂编第二十师。

他所指挥的第七纵队和第九纵队，已经到达锦州南部地区，会同兄弟部队分别歼灭了绥中、沙后所、兴城之敌，占领了塔山、高桥等地。北宁铁路锦州到秦皇岛段敌人被分割孤立在锦州和锦西、葫芦岛以及秦皇岛、山海关三个地区，东北地区敌军通往关内陆上通道因之切断。

林彪对邓华的电报没有回复。

林彪怎样回答呢？

正是在这个时候，10月2日，林彪在给中央军委的电报中说，正在考虑下一步行动方案，一攻锦州，一攻长春，原定攻锦，因敌新五军及九十五师增葫芦岛，恐一时难下，长春经数月围困后易攻，但部队往返不易，又加拖延时间。请军委同时考虑并指示。

原来，是攻取锦州，还是回师打长春，林彪还有犹豫，举棋不定。

中央军委、毛泽东于10月3日17时和19时，两次电令"东总"：丢了锦州不打，去打长春，是很不妥当的。并指出："你们应利用长春之敌尚未出动，沈阳之敌不敢单独援锦的目前紧要时机，集中主力，迅速打下锦州。"

至此，林彪最后铁定了攻锦的决心，立即调整作战部署，急调第一纵队和第二纵队由辽西南下，参加攻锦作战。这样，攻取锦州的兵力达到六个纵队又一个师，外加炮兵纵队主力和一个坦克营（其中有一个纵队位于高桥地区，作为战略预备队）；打援方面，以两个纵队又三个独立师共九个师对付锦西援敌，以四个纵队对付沈阳援敌。

1948年10月14日早晨，锦州战区上空弥漫着乳白色的浓雾,被铁桶般包围的城内国民党军,偶尔打出几发炮弹,零碎爆出几响枪声,除此之外,一切归于沉寂。执行攻歼任务的20余万人民解放军,连同他们的战车,大炮,轻重机枪,等等,仿佛都从地平线上消失了。设在锦州西北牤牛屯的东北野战军总部,同各个纵队之间的无线电联系也暂时停止。这是总攻前令人心焦的可怕的静默。

林彪司令员命令的总攻时间为:以雾消散为标准。

城南女儿河畔,钢轨和木头构造的半地下掩体指挥所里,邓华举着望远镜,不时看看前方——蛛网般的交通沟,为浓雾掩盖,什么也看不清;他不时瞧瞧天空——辽东湾的海风没有吹来,晨雾看来不会马上消失。他再次摇通主攻师第一三二师师长李化民的电话,询问第三九四团突击队的情况。

战场上的情况错综复杂而又瞬息万变。战役指挥员的高明之处,在于从不可捉摸的变化中,判断出并且紧紧抓住那能够左右事态发展,开辟胜利道路的一环,在于从万千现象中迅速发现并且果断处置能够影响全局进程的细节。

现在，总攻即将开始，突击尖刀能否顺利穿过小凌河，邓华还在牵挂着也许是微乎其微的细节。

李化民师长在电话中向他报告了昨夜突击队王云之战斗小组查探小凌河的情况，他说，战斗小组在小凌河来回摸了几趟，哪儿深，哪儿浅，哪儿是硬帮硬底，哪儿是稀泥，他们都弄得清清楚楚；在冲锋道路上：河边撒了石灰，河里插了标杆。

邓华满意地放下话筒，接着摇通第九纵队詹才芳司令员，询问攻城准备和突破后打纵深的部署。

邓华举起望远镜，遥望城北方向：仍是白蒙蒙一片，那里有由第三纵队司令员韩先楚指挥的两个纵队（第二和第三）和第六纵队的第十七师，是这次攻锦作战的主攻方向；东面有由段苏权任司令员的第八纵队；南面和东面均为助攻方向。

林彪提出的作战方针是首先以五把尖刀（五个纵队）插入，分割打乱敌人指挥建制，而后分别加以围歼。

10点10分，数十万人焦灼期盼的时刻到了，决定东北战局命运，甚至影响全国战争进程的时刻到了：在锦州城的南北东三个方向的天空升起了闪亮的红色信号弹。

顷刻间，无数颗炮弹呼啸着飞向预定攻击的城垣段，飞向城内敌军的各个要点。

总攻开始了！锦州城内浓烟滚滚，火焰翻腾。

对方回击的炮弹、枪弹，雨点般落向我方前沿阵地。

掩蔽在小凌河南岸地底下的第七纵队主攻师的突击连的战士们，按捺住怦怦急跳的胸膛，注视着我方炮弹的落点，说不清是三颗四颗，还是五颗六颗，轰然而来的炮弹，几乎是同时齐落在一处城垣："轰开缺口了！"突击连——第七连的勇士们，在己方炮火和两侧轻重机枪火力掩护下，冒着敌人密集的火网，沿着昨夜王云之战斗小组开辟的胜利道路，冲过了小凌河，第八班的战士立即打了烟幕弹——这是表示已经过了护城河，要求炮火延伸的信号。

10点25分，突击连第六班飞跃登上突破口城墙，一颗登城信号弹高高升起，后续部队跟着在锦州城垣第一面飘扬的红旗，潮水般涌进。

10点35分，又一颗信号弹高高升起——这是突击团第三九四团大部进城的信号。

勇士们按照预定部署,向锦州城内的指挥中心——中央银行、邮政局、锦州电影院等核心阵地猛进……

"坚决爆破前进!"是邓华火爆式的命令。

此刻的爆破前进,是有特定含义的。这是第七纵队总结去年冬季参加全歼彰武守敌第七十九师作战的经验:在遇到敌街垒碉堡而一时难于摧毁时,为不影响尖刀部队直取敌指挥中心任务的快速完成,改为不沿街前攻,而是爆破街房墙壁,炸出一条新的前进道路,一往无前地穿插,穿插!

12点45分,第七纵队的第三九四团,又是第一个首先打进敌人核心阵地!

在攻打锦州电影院时,第一次用150公斤炸药,仅仅炸开一个缺口。指挥员命令:再以十倍的炸药再炸!于是,一千多公斤炸药被装在车上,勇士们头顶着几层湿被子,冒着纷飞的弹雨,将炸药车推上去,轰隆一声,300多敌军全部炸死、震晕!

此时,继电影院之后,第七纵队的部队已经分别占领了范汉杰的指挥中心等核心阵地。

解放军主攻方向在城北,范汉杰设防重点也在城北。范汉杰没有想到,解放军却在城南首先突破。他急调锦州指挥所总预备队和卢浚泉的第六兵团预备队往南堵截,但在邓华所部各个尖刀连队猛力穿插和坚决爆破前进攻势面前,哪里抵挡得住!他的核心阵地,包括他的指挥中心,在12点左右,不是被占领,被摧毁,就是被包围,被孤立。指挥系统被打得稀巴烂,电话全部中断,首脑机关与作战部队失去联系。指挥官和他的警卫部队被分割数地,范汉杰逃到第六兵团指挥所邮政局,他的手枪连却被消灭在白云公园的日本式房子里。

范汉杰和卢浚泉的指挥实际上已经瘫痪,各个部队处于各自为战的状态。

下午2时半,由北面破城突围进来的主攻兄弟部队与第七、第九、第八纵队部队,在中央银行、白云公园一线胜利会师。

到此,锦州守敌大势已去。

午后4时许,范汉杰在邮政局卢浚泉的第六兵团指挥所召开会议，城破，有线指挥中断，外援无望，他们决定弃城逃跑了，并于当日黄昏带少数随从仓皇潜出，但范汉杰、卢浚泉等人迅速被解放军俘获。

邓华指挥的第七纵队，在攻取锦州作战中神速突破（总攻开始后15分钟即首先登上锦州城）和勇猛穿插（总攻开始后不到两小时，即首先突入敌核心阵地，打烂敌指挥中心），对于攻取锦州战役的胜利起到了重大作用。

邓华指挥的城南方向作战，本来不是攻锦战役的主攻方向，但是，由于指挥员的能动作用，战役战术诸方面处置得当，辅攻方向也能够出人意料地发挥"正兵"的作用。

到15日18时，攻击锦州的战斗结束，十余万守军被全歼，国民党通向东北的大门被锁住了。

第七纵队在攻取锦州战役中歼敌30140名，其中俘敌新八军参谋长李文昭、第一八四师副师长舒秉权、暂编第五十四师副师长云茂奎、东北行政委员会上将副主任张作相等高级将领以下达26894名。

攻锦战役结束后，10月20日至28日，邓华率领第七纵队东进，参加在辽西围歼廖耀湘兵团之战，再歼敌 10094 人，生俘敌第四十九军军长郑庭笈等将领多人。

辽沈战役胜利后，部队即将入关作战，全国解放为期不远了。

智取天津

12月26日,邓华起了个大早。

他推开设在北塘纵队司令部作战室的窗户,渤海湾湿润的海风拂面而来。他扣紧军大衣纽扣,两眼眺望前面的盐滩海堤:平静得出奇,除了偶尔几个赶早市的行人外,整个视野空荡荡的,几天来翻腾喧闹的海涛声也听不到了。

由于凌晨收到平津前线总指挥部的电报,告诉他总指挥部参谋长刘亚楼等一行人即将到来,现地勘察塘沽前线地形——这表明总部对他昨天拍去的电报中的意见,不说是接受了,至少是十分重视了,他的紧张焦虑的心,也像平静的海面一样,舒坦了,平静了。

他是12月16日率部队来到塘沽以北四十里这个北塘小镇的。他受命指挥第七、第二、第九三个纵队，攻占塘沽、大沽，切断平津敌人经由两沽出海南逃的通道。

中央军委毛泽东主席起草的关于平津战役战略部署的电报指出："只要塘沽（最重要）、新保安两点攻克，就全局皆活了。"

傅作义60余万兵力，在东起唐山西达平绥线上的柴沟堡，长达500公里的战线上一字摆开。解放军拿下新保安，他无法西窜绥远；攻占塘沽，他无法取道海上同蒋军会合。

然而，邓华现地一看，发现地形对他们作战十分不利。国民党军以塘沽外面盐滩地为防御前沿，从正面向纵深层层设防，并用炮兵火力和海军舰炮火力支援战斗。解放军进攻部队利用盐堤作掩护，作为冲锋出发地区还是可以的，但发起冲击后就进入平坦的盐滩，没有掩盖物，加之地势低洼，挖坑冒水而不能开掘交通壕，整个部队就暴露在敌人密集火力之下，伤亡必大。同时，敌军海军第三舰队就摆在海上，守敌五个师随时可以登舰，敌第十七兵团司令官和他的司令部已搬上兵舰，做好了逃跑的准备。这就是说，发起攻击很难全歼敌人。

12月21日，军委电示："我军应不惜疲劳，争取于尽可能迅速的时间内歼灭塘沽敌人。"

22日，第七纵队以一个营的兵力作试探性的进攻，冲击中虽占领了一段盐滩地，但伤亡400多人。邓华立即命令停止攻击。

"这个仗怎么能打呢？！"邓华在司令部对聚在一起的参谋们说，"不能打的，不能打！"

参谋们默然不语。

一个"最重要"，一个"尽可能迅速"打，军令如山，怎么能说"不能打"呢？"三个纵队还不能打？你只能想怎么去打呀！"

这时第七、第二、第九三个纵队都分别配属了一个地方独立师，12个师打敌5个师，以坚决执行命令为天职的军人，此时此刻能向司令员说些什么呢？

"您看怎么办呢？"

与司令员朝夕相处，共事多年，深深了解司令员决不"误顺之""误举之"性格的高体乾参谋长,打破了作战室里可怕的沉默。

"改变战役攻击方向,先取天津。"邓华指着墙上大幅地图,在天津市范围有力地画了个圆圈,"拿下天津,不仅同样可以封锁敌人出海南逃的通道,而且因为歼敌天津重兵集团,对北平傅作义必定产生强大的震慑力。"

说罢,邓华从口袋里拿出一份文稿:"给平津前总的电稿,已经同政委交换过意见了,你看行不行?"

"没提打天津的事儿?"参谋长提出疑问。

"这事得分两步走,第一步,解决塘沽地形不好打不能打的问题。"邓华迅速回答。

这时,机要参谋送来总部电报:"今日拂晓,我华北野战军第二兵团在西线发起对新保安的攻击,经11个小时激战,全歼傅作义的'王牌'第三十五军军部及所属两个师共19000余人。"

新保安已经攻克,这会儿该轮到"最重要"的塘沽之战了,这个形势逼人呀!

"请你通知二纵、九纵首长,明日一早来北塘,共同察看地形。"沉默片刻之后,邓华转向参谋长说道。

23日,协同作战的第二纵队司令员刘震、第九纵队司令员詹才芳,与邓华一道来到前沿查勘地形。

"大沽那边情况同这里相似,都是盐田平滩,地形于我不利。"第九纵队首长在盐田上边走边说,"我们今天部署了一个团攻击大沽外围据点,战斗可能现在已经打响。"他遥望南天,似乎要听听那边的炮声。

"这地形是不好打,总部有命令,由你指挥,不好打也得打。"第二纵队首长发表了看法。

这样的地形敌情,仗不好打,打则伤亡大,消灭不了敌人,稍有军事常识的人都能够看到。可是,在必要时,就是付出再大的代价,也是要打的。从执行上级命令方面讲,打,也是有道理的。

邓华接着把他改变战役攻击方向的意见说了,并将电报文稿请他们审视,他们都同意邓华的意见。

在这个关键时刻,对如此重大的战略部署提出不同意见,是不是要承担风险呢?邓华认真琢磨了两天,电报终于由他单独签署发出了。

他也准备了万一:顶多丢掉乌纱帽!

12月29日11时,毛泽东代表中央军委复电:"放弃攻击两沽计划,集中五个纵队夺取天津是完全正确的。"

参加攻取天津的各个纵队,在扫除外围据点后,1949年1月14日10时发起总攻。根据天津守敌"北部兵力强,南部工事强,中部皆平常"的防御特点,天津前线指挥部采取"东西对进,拦腰斩断,先南后北,先割后围,各个歼灭"的作战方针,邓华指挥第七、第八两个纵队,由东向西推进。战役发展顺利,经过29个小时激战,到15日15时,即全歼守敌13万余人,活捉敌司令陈长捷、军长刘云翰、林伟俦等高级将领。

天津之战的胜利,不仅歼敌重兵集团,而且一举切断北平之敌出海南逃通路,使傅作义集团成为瓮中之鳖。

当解放军兵临北平、天津城下之时,傅作义是准备和平解决华北问题的,并两次派代表出城同解放军代表谈判,但是,对于和平解决的条件傅作义总觉得不够满意,他认为自己还是有相当力量的,因此,谈判停停谈谈,拖延了时日。直到天津战役打响,13万守军顷刻间全军覆灭,他才意识到没有讨价的余地了,同意部队出城改编,并希望迅速达成全部协议。1月21日上午10时,傅作义在和平解决北平问题协议上签了字,1月31日,人民解放军入城,北平宣告和平解放。

天津战役之后,1949年4月,邓华被任命为人民解放军第十五兵团司令员,第十五兵团辖第四十三、第四十四、第四十八军三个军。5月6日,邓华率部由天津地区南下。7月,第十五兵团配属两广纵队,渡过长江后,与第四兵团、第十二兵团共同进行了湘赣战役。接着,邓华又指挥第四十八军发起赣西南战役。两个战役均取得了重大胜利。

"打过长江去,解放全中国!"这个响亮而激动人心的号召,正在实现!

解放海南岛

1950年2月1日，进攻海南岛的作战会议正在广州市越秀区一幢别墅里举行，发表讲话的是人民解放军第十五兵团司令员邓华。

"知己知彼，百战不殆。"对于较量的对手，他总是认真调查、研究。他认为，低估对手是自欺欺人的做法；同样，夸大对手，贬低自身，更是指挥员的大忌。

邓华是1949年12月14日正式接受指挥解放海南岛战役任务的。这无疑是被寄予了厚望。海南岛，是我国仅次于台湾岛的第二大岛，全岛面积达32200平方公里，该岛与大陆雷州半岛之间的琼州海峡，宽度为30至50公里。此刻,在他的面前没有别的选择,那就是八个字:只许成功,不许失败!

毛泽东电令说:"必须集中能一次运载至少一个军(四五万人)的全部兵力,携带三天以上粮食,于敌前登陆。"

没有海军运输舰艇,更没有空军用以空降,就连木船这种原始的过渡工具,也非常缺少——比较大的渔船都被国民党军携到海南岛去了;雷州半岛沿海渔民,因受渔霸地主胁迫,驾船逃避到不知名的海湾和近海小岛上去了。

几万人连同他们的装备弹药粮食,何以为渡?

1950年1月10日,毛泽东电示林彪:"请令邓(华)赖(传珠)洪(学智)不依靠北风而依靠改装机器的船这个方向去准备,由华南分局与广东军区用大力于几个月内装备几百个大海船的机器,争取于春夏两季内解决海南岛问题。"

1950年1月下旬,琼崖纵队参谋长符振中奉命从海南岛偷渡来到广州。1月25日,他向叶剑英和第十五兵团首长汇报了琼崖纵队三个总队兵力(约1

万人）的部署，要求大军尽快渡海。符振中还特别转达琼崖纵队司令员兼政治委员冯白驹的建议，即趁敌人防线不严密，军心混乱之机，先偷渡一批兵力，加强琼崖纵队的接应力量。

邓华说："小规模偷渡是乘木帆船，可以伪装成渔船，利用夜晚顺风顺潮顺流，一个晚上的航程，有琼崖纵队接应，从海岛内侧敌人防御薄弱地段登陆，坚信是可以成功的。"

于是，几天之后的渡海作战会议之日，邓华宣布了渡海作战的战役方针为：分批偷渡与积极准备大规模强渡，两者并举进行。要求第四十三军和第四十军各准备一个加强团，实施第一批小规模偷渡。所有部队要抓紧海上练兵，把陆军变成海军陆战队。

10天后，即2月12日，远在苏联访问的毛泽东主席获悉上述指导方针和实施计划后，立即回电称：

"2月10日20时电悉，同意四十三军以一个团先行渡海，其他部队陆续分批寻机渡海。"

善于站在战略高度俯视全局的毛泽东，立即赋予这种偷渡作战以战略价值，他在回电中接着说道："此种办法如有效，即可能提早解放海南岛。"

偷渡，如同预期的那样顺利，但也出现了一场虚惊。

第四十军的一个加强营 800 人，乘 14 只木帆船，于 3 月 5 日 19 时，从雷州半岛上的徐闻县西南的灯楼角启航，一路顺风顺流，上半夜，这个营先后发来两个电报：第一个称，"风向好，船速快。"第二个说，"前进 200 里。"参谋们在地图上计算里程，按这样的速度前进，拂晓前就可在海南岛登陆。突然，又收到一份电报："风停，船行很慢。"军部立即回电："全力划桨前行。"

第四十军军长韩先楚守候在电台旁边，等待进一步的消息。

第十五兵团司令员邓华也守候在电台旁边，等待首次偷渡的最新情况。

一直到第二天上午 11 时，偷渡营发报说："发现敌机敌舰。"此后就中断了联系。

兵团和军部都几次电询琼崖纵队，答复是"情况不明"。

有的同志伏在收音机旁，想从国民党方面的广播中找到有关偷渡部队的消息，但是，一无所获。

三天三夜，邓华、韩先楚他们焦虑得吃不下饭，睡不着觉。

揪心啊，揪心！偷渡的成败，不单是关系到800人的安危，而且将影响整个战役部署和全军渡海作战的信心！

突然，3月8日，琼崖纵队发来电报：偷渡部队于6日14时在白马井登陆，已同接应的琼纵部队会合，偷渡营未能继续发报，是因为电台在船上被水浸坏了。原来，偷渡营船队离登陆点10多里时，被敌机敌舰发现，勇士们冒着敌人炮火破浪前进，终于到达海岸，强行登陆，迅即与琼纵接应部队会师！

紧接着，3月10日13时，第四十三军的一个加强营1007人分乘21只木帆船，从雷州半岛东侧的硇州岛启航，于11日9时在海南岛东北部赤水港至铜鼓岭一带登陆，下午与琼崖纵队接应部队会师，随即突破敌重兵围追阻击，胜利到达琼纵根据地。

与此同时，第四十军的一个团于3月6日晚从北海市启航，偷渡涠洲岛成功，缴获多桅多帆大木船300多艘——这为大规模海上练兵和大军渡海提供了运载工具。

3月底，第四十军一个加强团2937名勇士，第四十三军一个加强团3751人，分别偷渡成功。

不论是一个营、一个团，还是一只单船，也不论是在敌人翼侧，还是正面，都能突破敌人防线冲上岛去！

大举渡海进攻的时机成熟了，邓华在听取各方面意见后，作出决断：运载工具不依靠改装机器的船，而以木帆船为主，并决定提前实行大规模渡海登陆作战。

时机也是十分紧迫，琼州海峡的气象特点是：从农历正月到清明，多东风和北风，对木帆船南渡最为有利；过了清明，风向变化较大，时东时西，对南渡来说，仍有东风可资利用；只是一过谷雨，则转为南风，帆船逆风，南渡十分困难。

邓华于4月10日在徐闻赤坎兵团"前指"召开的作战会议上宣布：决定在4月20日（谷雨）前，

主力大举渡海登陆作战，各渡海部队必须在4月15日拂晓前，完成渡海登陆作战的一切准备工作。

1950年4月16日，是邓华最后确定两个军主力大举南渡作战的时日。

偏巧，这日天气变幻无常！

早上，琼州海峡上空东风阵阵，中午转为东南风，下午2时，右侧临高角方向乌云密布，雷声隆隆，随即刮起了暴烈的西南风。从预定启渡点到预定登陆点，正是顶头风！

显然，顶着这样的逆风启航，用不着蒋军的飞机兵舰出动，也会是全军覆没的。

然而，这个日期的确定，是渡海兵团上下三个多月来观潮测海的结晶。

四处搜集海洋知识和海战资料，就连旧书摊上清朝海军提督的《航海手册》和《潮汐表》，也弄来参考；从兵团以下营以上各级都成立了气象水文组，拜老渔民、老船工为师，研究掌握海峡风向、潮汐和水流的规律，并且逐日将测试分析的情况上报军和兵团"前指"。

4月16日17时,是最后认定的启航和紧接着的登陆的最佳时间:预计这日黄昏是琼州海峡北岸晚潮的高峰时节,这时从雷州半岛启航,船只可以随着退潮而增加前进的航速,使船只迅速驶离港口;17日拂晓前,琼州海峡南部开始早潮,船只可以随着涨潮的潮水而加速驶抵登陆场。预测这日晚间的风向为东北风(偏东),从启渡场到登陆地带正是顺风顺流。一眼——邓华早已从窗外撕心裂肺般翻卷的风向标得知海面的情况了,只是时不时朝窗外望望:风是不是停了,风向是不是变了。

"根据我们所作气象记录,10天前和18天前,也是上午东风拂面,中午转东南风,午后却刮起暴烈的西南风,傍晚却出人意料地吹来了东北风。"司令员淡淡回答,"应当不会有误吧!"话语中流露出不确切的担心。

"回电两军:部队暂不登船。整装待发。"邓华接着命令道。

忽地,传出了京剧的乐声。

有人唱道:"父女打鱼在河下,家贫哪怕人笑咱。

桂英儿掌稳舵父把网撒……"

一曲终了,邓华定了定神,抬眼望窗外:嗬,奇迹出现了,呼啸的西南风过去了,用绸子制作的风向标正朝着东北方向拂动。

邓华眼里闪着亮光,惊呼道:"真是天助我也!"

4月16日19时30分——历史记住了这个时刻,人类战争史上的奇迹,在世界的东方,在南中国海的北部出现了!

第四十军6个团在韩先楚副司令员兼军长的率领下,第四十三军两个团在龙书金副军长率领下,8个团25668人分乘木帆船和少量机帆船共500多艘,从雷州半岛南端各港湾启航。

按照邓华的统一部署,先期偷渡过海的近一个师的兵力和琼崖纵队主力,正向海南岛北部海岸运动,准备接应大军登陆。

启航船队采取横宽纵短的编队形式,实行一个波次宽大正面登陆,不搞换乘,也不依靠后缓——这种编队航行模式恰好与第二次世界大战中美军对日占岛屿进攻样式相反。这是自身没有海空军支援,以木帆船队去进攻敌海陆空立体防御体系的独特的最佳战斗编成,这是战争史上的创举。

国民党海南岛防卫总司令薛岳,在人民解放军多批偷渡成功后,立即停止对琼崖纵队的"围剿",重新部署兵力,全力加强正面防线。他一面将战役机动兵力五六个师向加积、海口的两侧集结;一面从台湾将太平舰,从珠江口将"溪口号""中新号"等舰艇增调秀英港,令海空军力量集中于海峡昼夜巡逻,在解放军可能登陆的港外加强警戒。

正是在4月16日夜,薛岳向他的所部发出密电:"今晚北面共军电台活动频繁,各据点务必注意,不可轻心。"

"遇上敌舰,要横下一条心,打!木船即使被打坏,抱着木头我们也要游到海南岛登陆。"

23时许,渡海大军船队即与敌舰敌机交火。装有五七战防炮、山炮的土炮艇立即迎战敌舰,按三艘土炮艇打一艘敌舰的编队,从正面和两侧向其攻击;主力船队一面阻击敢于闯来的敌舰,一面冒着敌人炮火破浪前进。经过彻夜海战,两军船队于17日3时到7

时突破敌立体防御体系，分别在海南岛正面临高角、博铺港、雷公岛、玉抱港、才芳岭一线强行登陆。两军土炮艇和其他护航船队，不仅掩护了主力横渡海峡，而且还击沉敌舰一艘，击伤敌舰两艘；在与敌旗舰"太平"号的战斗中，击毙了敌海军第二舰队司令王恩华。

大军登陆迅速与接应部队会师后，立即向纵深发展进攻。

17日晚，薛岳调集所有战役机动部队共计5个半师的兵力，于18日由海口、加积乘五百辆汽车驰援澄迈，首先对付威胁其正面的第四十三军登陆部队，企图趁登陆部队立足未稳之际，一举将之歼灭于近海地区。

兵团前线指挥邓华司令员于19日16时令两军迅速靠拢，与敌军决战，到20日夜，第四十三军主力对内在黄竹、美亭包围了敌人两个团，对外又抗击了敌人5个师的进攻，处于两面作战的极端困境，苦战一昼夜，坚决顶住了敌人进攻。此时，邓华急令第四十三军克服一切困难，坚守阵地，紧紧吸住敌人；

并令第四十军战胜疲劳，连续作战，迅速向美亭出援。

在海口的薛岳似乎还蒙在鼓里，他自欺欺人地宣称："共军一二八师师长被打死，共军指日可歼。"

第四十三军在21日10时，终于将黄竹1个团部5个连全部歼灭，但美亭之敌一个师部和一个团则仍被包围。而对外抗击敌援兵战斗异常惨烈。形势仍然险恶。但是，强将手下无弱兵。扼守风门岭之第四十三军的一个连，连续击退了敌人5个营13次陆空联合的轮番冲击，该连仅剩下13名伤员，仍坚决守住了阵地。

21日17时，韩先楚率领第四十军进至美亭东西两侧，与第四十三军形成对敌合围态势。22日两军协同，击破敌一个军和两个师的抵抗，歼其一部，同时全歼美亭突围之敌。23日，解放海口市。

24日1时至4时，四十三军指挥所率5个团也顺利登陆，进一步增强了进攻力量。

美亭决战之后，薛岳见大势已去，害怕全军覆没，于22日下达总撤退命令，他本人则于这日18时乘飞机逃往台湾。

邓华于 24 日向两军发出分东、西、中三路猛烈追歼逃敌的命令，到 4 月 30 日，追至天涯海角，解放海南全岛，胜利结束了海南岛战役。

整个战役歼国民党军 51148 人，其中毙伤俘敌 33148 人，收容溃散之敌 18000 人。解放军方面伤亡损失为 4611 名，敌我伤亡比例为 11∶1。

指挥人民解放军开创胜利渡海作战先例，创造了战争史上的奇迹，"出色地完成了中央军委和毛主席赋予的光荣作战任务"的邓华司令员，就这样悄悄地回到广州！

预见美军将在仁川登陆

1950年7月13日9时许,在广州东山的第十五兵团司令部,作战室里专线电话铃声急促地响着。邓华拿起听筒:是罗荣桓政委打来的。罗告诉他:调他出任战略预备队第十三兵团司令员,并说十三兵团所部须立即北上鸭绿江地区布防;中央还同时决定,组建以第十三兵团为主的东北边防军,保卫东北边境地区安全。十五兵团部机关则与十三兵团对换。最后,还特别郑重地说道:要准备在必要时渡过鸭绿江,支援朝鲜人民军作战。

他不由得心头一震:这可能要同新的敌人较量了!

刚刚满40岁的邓华,英年锐气,立

即在电话中回说："服从组织的安排。"

他放下话筒，点燃一支香烟，凝视着作战室墙上我国东北地区地图和朝鲜地图。他棱角分明的脸庞上，透露着一种凌厉威严之风，他那凝重深邃的目光，显示出一种睿智机灵之气。现在，他似乎看到了远在东北亚的朝鲜半岛上的滚滚硝烟。这场战争的最新战况如何？会是怎样的发展趋势？与其说他习惯于命运之神对他的挑战，倒不如说他是渴望这种挑战！

朝鲜战争爆发之后，他就密切关注那儿的局势，这是对兄弟的朝鲜人民感情上的沟通，也是出于军人的本能。如今，朝鲜战争的每一步发展，都竟然同自己紧密联系着！

他立即将这一突如其来的决定，告知兵团党委，由兵团赖传珠政委向机关作了部署：各部门准备迎接新的使命。

7月8日，毛泽东主席批准由邓华出任东北边防军第十三兵团司令员。

具有戏剧意味的是，在美国操纵下的联合国安全理事会，于7月7日通过决议（常任理事国苏联未出席会议），授权由美国组成司令部、指派指挥官，统一指挥参加干涉朝鲜内战的各国部队。

7月8日，美国总统杜鲁门任命麦克阿瑟为侵朝联合国军总司令。

如此巧合，如此针锋相对，看来中国人民和美国侵略者之间，邓华和麦克阿瑟之间的较量，是不可避免的了！

邓华为朝鲜人民军的神速进展而高兴。继6月28日解放汉城，7月4日拿下水原，13日进抵锦江后，20日夺占大田，俘美军第二十四师师长迪安少将。21日起，人民军发起洛东江战役。

然而，邓华关注更多的是，人民军是否歼灭其敌方的重兵集团。他注意到了：具有重大意义的汉城战役虽然歼灭南朝鲜军21000余人，但其基本兵力未遭合围。

美国出兵侵朝后，朝鲜人民军的战略方针是：在美国出动大批兵力之前，在短时间内歼灭李承晚军和已经入侵的美军，完全解放南朝鲜全境。

邓华心想：但愿人民军能在短时间内完全解放南

朝鲜全境，这是再好不过的了。然而，就像克劳塞维茨说过的："战争并不是活的力量对死的物质的行动，它总是两股活的力量之间的冲突。"一厢情愿也许要坏事的。

邓华曾经认真研究过麦克阿瑟。这位"联合国军总司令"，是美国当时仅有的5位五星上将之一，曾任著名的美国西点军校校长、美国陆军参谋长。第二次世界大战期间，曾指挥盟军在西南太平洋地区对日作战，具有丰富的两栖作战的经验。他的军事生涯长达52年之久，如今他已年届七十，仍然在战场上驰骋，无疑，他是一位杰出的将领。

作为东北边防军第十三兵团司令员，此时此刻就是要在战略方面向中央提供决策参数。"对，我得把我的想法报告中央。"

邓华从巨幅地图前转过身，伏在案上奋笔疾书：

"……鉴于朝鲜人民军战线南伸而延长，美军凭借其海空军优势，于朝鲜东、西海岸中腰部铤而走险的可能性大为增加。"

——天平失去平衡，铤而走险的可能性大增；而且，倾斜的指向明确：朝鲜东、西海岸的中腰部。报告的语言在这儿没有一点含糊。

接着，深深的忧虑从邓华的笔端流出：

"显然，如果以朝鲜人民军弱小的海、空军和后方留守陆军，阻止美国从两侧而不是正面的陆海空三位一体的登陆作战企图是很困难的，况且，朝鲜三面环海，东、西海岸线较长，给人民军集中、重点防守带来不便。"

——报告在谈到美方很可能在朝鲜中腰部实施陆海空三位一体的登陆的企图后，明确指出：朝鲜人民军洛东江前线决战与东西海岸的防守，在兵力配备上存在着难以调和的矛盾。

到8月初，朝鲜人民军已经解放了朝鲜南部90%以上的土地和92%以上的人口。8月15日金日成首相发布命令，要求在8月份内完全解放南朝鲜国土。但到8月底双方仍在南部洛东江地区激战，敌人最后一道防线即"釜山环形防御圈"始终未能打破。

而正是这个时候，麦克阿瑟的冒险计划——仁川登陆计划获得美国最高当局批准。

仁川，是汉城附近的一个港口，这个港口航道狭窄，潮汐涨落差高达30英尺，而且一个满潮期只有两三个小时，如果遇上不利情况，超出这段时间，登陆舰队就会在泥滩上搁浅而失去战斗力。当这个登陆计划一经提出，便受到美国参谋长联席会议多数决策人的反对，称这一行动为"五千比一的赌博"。

麦克阿瑟反驳说："你们提出了有关登陆行不通的种种论据，然而，正是这些论据可使我确保达成突然性——突然性是现代战争取胜的至关重要的因素。"

麦克阿瑟力排众议，8月29日仁川登陆计划最终获得批准，并正紧锣密鼓地进行诸项准备工作。

然而，两天后，8月31日，在第十三兵团司令部，司令员邓华在兵团党委会上说："估计敌人将来反攻的意图，可能以一部分兵力在北朝鲜沿海侧后几处登陆，实行扰乱牵制，其主力则于现地由南而北沿主要铁道公路逐步推进。另一种可能是以一小部兵力于现地与人民军周旋，抓住人民军，其主力则在人民军侧后（平壤或汉城地区）大举登陆，前后夹击，如此人民军的处境会很困难的。"

麦克阿瑟在反驳美国参谋长联席会议中对反对他的仁川登陆计划的人曾经夸下海口，说选择仁川登陆可"确保达成突然性，因为敌指挥官会认为，没有人会如此地轻率地进行这样的尝试"。

在这里，邓华却明确判断美军主力将在仁川（即汉城地区）登陆！

兵团党委会议一结束，邓华立即执笔，把讨论意见上报中央。报告分六个部分，即：关于敌我力量的对比，关于朝鲜地形，关于供应问题，关于敌人的企图，关于我们的作战方针，关于部队装备和训练问题。文末署名为"邓（华）洪（学智）解（方）"，时间为"1950年8月31日"。

半个月后，9月15日，在麦克阿瑟亲自指挥下，"联合国军"果然在汉城附近的仁川登陆。朝鲜人民军主力被截断在南朝鲜，处于十分困难的境地。

朝鲜战争局势急转直下。

麦克阿瑟在实施仁川登陆计划过程中，不止一次地对他的高级参谋惠特尼说："会不会泄密呢？"他最担心的是登陆计划的保密问题。

然而，战争，这个人类历史上的怪物，尽管它错综复杂，形象万千，佯动与虚晃迭出，灵机与妙算无穷，但它总是有端倪可察，有规律可循。

邓华，这位中国杰出的军事家，就准确地判断了麦克阿瑟的这次"五千比一的赌博"。

诱敌深入

1950年10月24日，邓华被正式任命为志愿军第一副司令员兼副政治委员，并担任志愿军党委副书记。

早在三天前的21日凌晨3点，邓华接到来自毛泽东的电示：即去彭德怀处，将十三兵团部改组为中国人民志愿军司令部。10月23日17时，毛泽东再电邓华等人，令其"速至彭处，与彭会合，在彭领导下决定战役计划并指挥作战"。

而另一方面，"联合国军"总司令麦克阿瑟根据美国军政当局的指示，于10月2日下达命令，规定在中朝、苏朝国境线至定州、宁远、兴南一线的作战任务，由南朝鲜军承担，而不使用美英军等非朝鲜部队。到了10月24日，麦克阿瑟干脆废除前出控制线，下达最后追击命令："各级指挥官应全力以赴向韩国北端进击！"

10月25日上午，南朝鲜第六师1个营和1个炮兵中队从温井出发，向北开进。他们认为朝鲜人民军有组织的抵抗已不复存在，因此，搜索和警戒部队都不派出，乘坐汽车直向鸭绿江开去。他们的满不在乎，有的在车上啃着苹果，有的在嬉闹，如入无人之境。

当他们进到丰下洞至两水洞之间时，在彭德怀、邓华等人指挥下的中国人民志愿军第四十军一部，立即采取拦头、截尾和腰斩战法，发起突然而猛烈的攻击，迅速将其全部歼灭。

抗美援朝战争在这一天正式打响。

从这一天开始，彭德怀、邓华等志愿军领导人，利用志愿军是秘密开进，掌握了战略、战役上的突然性（联合国军和南朝鲜军没有料到中国会出兵，而以团营为单位分兵冒进），指挥志愿军进行了第一次战役。到11月5日，经12天激战，歼敌15000余人，将窜至鸭绿江边的联合国军赶到清川江以南，开始稳定朝鲜战局。

第一次战役刚刚结束,志愿军总部不断收到敌人迅速组织进攻的消息。

11月5日,美军第二十四师越过清川江,建立桥头堡。

11月6日,南朝鲜军第一师一个团从新安州渡过清川江,前出到孟中里。同日南朝鲜军第七师、第八师向德川、宁远一线发起攻击。10日,第七师占领院里。

"敌人现代装备,机动快,组织进攻也快,"在志愿军司令部作战室,邓华对彭德怀说,"好像没有了战役之间的间隙。"

"这与过去同国民党军作战不同,美军现代化程度是世界上第一流的。"彭德怀两眼仍然盯着墙上的地图,"不仅如此,东线的美陆战一师,美第七师,伪首都师也在继续进攻,"彭德怀转眼向着他的第一副司令,"邓华呀,面对这个形势,你是怎么考虑的?"

邓华迅速回答说:"我同洪学智同志商量了。彭总不追击清川江以南敌人,是避我之短处,发挥我军的长处。我考虑,清川江北部山区是一个好战场。而且朝鲜这地方，愈往北就愈宽，敌人东西两线，越往北犯，它们之间的缺口就越大。我们前次战役利用了这一点，下次战役仍可利用这一点。美伪军的西线集团与东线部队之间将会有80到90公里的缺口。东线我们仍然阻击，在西线，我军可以分割包围，聚而歼之。因此，我军可以采取诱敌深入的方针歼灭敌人。"

邓华滔滔不绝地说道，显然是深思熟虑了的。

"看样子，我们还得继续示弱骄敌纵敌，要让麦克阿瑟高烧到四十度。诱敌深入就这么定了。"彭德怀拍板，并且提醒道，"老子说得好：'祸莫大于轻敌。'麦克阿瑟并非等闲之辈，如果我们战役计划不周，战术措施不当，稍有差池，也会陷于被动的。"

彭德怀迅即发布了命令，西线部队继续退至定州、泰川、云山、杜门洞、韶兴洞一线，东线撤至柳潭地区。诱敌深入，准备聚歼敌人的口袋阵正在严密部署中。

这是1950年12月3日，第二次战役反击打响后的第九天。

渡过清川江，越过价川，来到了军隅里。

两辆吉普车，飞速向南驰去。

空中，三架 F-80 战斗机，呼啸着俯冲下来。

前面吉普车中的军人立即命令司机紧急刹车，几梭子弹，在车前四五十米的公路上弹着，溅起冰花泥土四散飞落，当飞机带着旋风掠过之后，两辆吉普车又向南飞奔……

前面车上坐的，是中国人民志愿军第一副司令员兼副政治委员邓华；后面车上坐的，是志愿军司令部作战处杨迪副处长。他们受彭德怀司令员的紧急指派，一反夜间行车常态，大白天驱车，要赶到设在青谷里与龙源里之间的第三十八军指挥部。那里即将举行一个重要的军事会议。

战场形势如此迅猛发展，彭德怀的兴致很高，他本来要去亲自主持这个会议的。但邓华认为，从志愿军总部大榆洞到第三十八军指挥部有 200 多公里，路上随时可能遇到敌机轰炸扫射，还有敌人撤退时埋下的大量地雷，彭总亲自去太危险。邓华和洪学智等人高低不让，彭德怀只得同意不去。

一场血战刚刚在这一带结束。

在吉普车驰过的公路上，美军的尸体，翻倒在路旁的被击毁的美军坦克、汽车，被丢弃的完好坦克、大炮、汽车，以及各种军用物资，比比皆是。

这一线是从清川江败退下来的联合国军必经之路，他们向南在三所里、龙源里无法越雷池一步时，便掉头向西从安州方向夺路南逃。

经过第一次战役，近40万中国人民志愿军已经出现在朝鲜战场上。麦克阿瑟似乎是视而不见，他的顶头上司、他的情报部门、他的前线指挥官，都向他提示：遇到了"组织严密、训练有素"的中国部队，但他认为，中国部队"最多不过六七万人。而且正在"怯战逃走"，他再次力排众议，决心发动"结束战争的总攻势"。李奇微曾经评论他的这位前任说："对自己讨厌的事实将信将疑或置之不理的弱点，在麦克阿瑟身上表现得尤为突出。"而彭德怀、邓华等指挥志愿军执行故意示弱，纵敌、骄敌的诱敌深入方针，更加助长了麦克阿瑟这种致命的弱点。

11月25日，麦克阿瑟驱使所部进至志愿军预设战场时，震惊世界的第二次战役打响了。联合国军右翼南朝鲜第二军的第七、第八两个师大部和第六师一部被歼，美军第二师受到歼灭性打击。接着，经由南逃之敌的通路，被志愿军战役迂回部队截断，眼看即将成为"瓮中之鳖"的联合国军，12月1日开始转向安州方向突围，于12月3日向三八线总溃退。

邓华和杨迪来到设在一个山洞的第三十八军指挥部，韩先楚副司令员和西线6个军的军长政委们早已在这儿等候了。

入朝40多天来，几乎被敌飞机超低空轰炸扫射压得透不过气来的志愿军的军长政委们，面对堆积如山的战利品，面对敌军溃退的胜利局面，那个爆发式的欢乐劲儿，简直要把这个山洞顶上的高山掀掉似的。

邓华的出现，让这个沸腾的山洞立刻平静了下来。

"敌军正在溃退，为了不给敌以喘息时机，我三十九、四十、四十二军，三个军各以一个师分路向舍人场、肃川、成川方向追击，威胁平壤，如敌守平壤，则准备以一部佯攻平壤，而集中五个军首先歼灭成川、江东、遂安、谷山、新溪地区之敌。"

邓华一向以威严凌厉的战斗作风著称，他的简明干脆的话语，在山洞里发出铜鼓般的回声。在总结第二次战役中西线各军胜利作战的经验之后,根据中共中央军委和彭德怀指示精神,此刻,他正向军长政委们发布命令。

"得手后,主力随之南进威胁汉城,调动平壤之敌南撤,乘敌南撤在运动中追击、侧击之,如敌主动放弃平壤、元山线,我即追越三八线,相机进攻汉城。"

部署完毕,邓华点燃一支缴获来的美国香烟,猛猛地吸着。他的冷静沉着,给人以不动声色的印象。只有跟随他多年的杨迪,从他那品味有名的弗吉尼亚烟草芳香的神态中,看到了他的满足与兴奋。

10天前,当联合国军发动这次进攻时,麦克阿瑟曾经乘坐他的"斯卡帕"专机,从东京飞抵清川江第八集团军司令部,洋洋得意地断言:战争"在两个星期之内就会结束,圣诞节时可以把孩子们送回家"。

然而,联合国军遭到惨重打击,狼奔豕突般向南溃逃,这就该由邓华在这儿发布乘胜向南挺进的命令了。

到12月24日,第二次战役东西两线作战结束,共歼联合国军36000余人,其中美军24000余人,不仅解放了除襄阳外的"三八线"以北地区，还拿下了"三八线"以南的瓮津半岛和延安半岛，迫使联合国军由进攻转入防御。这次战役奠定了抗美援朝战争胜利的基础。

变被动为主动

毛泽东曾经说过:"我们的高级军官中,百分之八九十都是行伍出身,参加革命后才学文化的。"

在人民解放军的高级将领中,邓华则是另一种类型,他是知识分子出身,家学渊源也深厚,投身军戎后,好学不厌,苦苦钻研兵书战法,同时也倾心于历史。他特别肯动脑筋,跟随他多年的参谋人员都说:司令员的脑子特别灵,仿佛一天到晚24小时都在转。彭德怀在志愿军总部同邓华密切接触不长的时间后,便认为"邓华这个人,知识丰富,很有头脑,考虑问题有眼光,也比较周到"。

1951年1月25日,在朝鲜君子里

志愿军总部举行的中朝军队高级干部会议上,邓华正在向与会者作题为《对美军作战的初步经验》的专题报告。

邓华在报告中,高度概括了美军和南朝鲜军的长处和短处,精辟论证了志愿军在运动战中的作战指导方针,全面总结了在运动战中的战术原则,部队政治工作和后勤工作方面的经验。在中国的战争史上,这是一份全面总结同最现代化对手作战经验的专文。

由于美军拥有制空权,地面部队也有高度现代化装备,它的火力猛烈,志愿军担负防御作战任务部队异常艰险,伤亡很大,因此,部队中有"宁愿攻三个山头,不愿守一个钟头"的说法。邓华在全面总结第一、二两次战役进攻作战经验的同时,还深入总结了局部防御作战的经验。

这篇约两万字的长篇报告,以具体生动的战例,准确的数据,严密的逻辑和深入浅出的分析,吸引着与会者们。若不是全身心投入这场战争,不是一开始就注意搜集素材,不是身经百战,深刻了解战争规律,不是勤于思考善于思考,还有,不是笔头过硬,抗美援朝战争打响才两个来月时间，是不可能拿出这样有力的经验总结的。而这又是在他生病治疗期间写成，更是难能可贵。

1月27日，中朝两军高级干部联席会议第三天，与会代表正分组讨论关于部队休整和准备春季攻势问题，前线吃紧的电报不断飞来。

原来，联合国军和南朝鲜军从1月25日开始，由西至东逐步在200公里战线上发起大规模进攻，集中了5个军16个师又3个旅，一个空降团以及其全部炮兵、坦克兵和航空兵，其中地面部队即达23万余人。

志愿军在第一线的兵力只有6个军21万余人，人民军3个军团7万余人，兵员上似乎略占优势，但朝中方面经过连续三次战役，已是极度疲劳，减员甚大而又没有得到补充。特别是随着战线南移，运输线已长达550~700公里，在敌机狂轰滥炸情况下，运输更加困难，弹粮供应严重不足。

当志愿军首长紧急商讨措施时，1月28日夜，毛泽东来电指示："我军必须立即准备发起第四次战役，以歼灭两万至三万美李军占领大田安东之线以北区域为目标。"

大田安东之线,接近三六线了!

谈何容易!

"又一个没有料到!"邓华读过电报之后,向彭德怀说,"现在战场比以前缩小,敌兵力也更集中,他们的技术优势也更便于发挥,以我未得到整补的疲惫之师,莫说打到三六线附近,搞不好,三七线也保不住。"

他认为中央提出打到大田安东之线,是从政治角度考虑,是为可能进行的停战谈判着想的。如同毛泽东在电报中指出的:"敌人正希望我军撤退一段地区封锁汉江然后停战。""第四次战役后敌人可能和我们进行解决朝鲜问题的和平谈判,那时谈判将于中朝两国有利。"从国际政治斗争角度和从总的战略格局考虑,这样的设想是完全需要的。但他又想起彭德怀在别的场合下说过的一句话:打了胜仗影响就好,打了败仗影响就不好。

"第三次战役即带着勉强性——主要是疲劳和补

给困难，现在打第四次战役带着更大的勉强性，"彭总声音中有着深沉的忧虑，"如果主力出击受阻，朝鲜战局有暂时转入被动的可能。"

毛泽东主席的指示非常明确，敌人攻势正在拉开，除了迎战敌人，已是别无选择。志愿军领导人决定以一部兵力在西线组织防御，钳制敌主要进攻集团，在东线则让敌深入，而后集中主力实施反击，争取歼敌一两个师，进而向纵深发展突击，从翼侧威胁西线敌主要进攻集团，动摇其部署，制止其进攻。这个作战部署简而称之为"西顶东反"。

随后，毛泽东同意了这一作战部署并派邓华赴东线指挥作战。

事实证明"西顶东反"，在东部横城一线诱敌深入，放敌进来这一着是成功的；而横城反击战也确实取得了辉煌的战果，共歼敌12000余人，其中俘南朝鲜军7800人（内美军500人），这是抗美援朝战争中俘虏南朝鲜军人数最多的一次作战。配合"邓指"作战的"金指"人民军，在横城东南歼灭南朝鲜第三、第五师各一部。

横城反击战后，彭总命令邓华立即围歼砥平里之敌。

而就在此时，形势意外地逆转。

担负阻击骊州、原州向砥平里之援敌任务的第一二六师主力，因在运动中与美军第二师在注岩里遭遇受阻，难以实现原定打援部署，而美骑兵第一师第五团坦克纵队却在曲水里地区突破志愿军防线，势将与砥平里守敌会合。由骊州方向出援的南朝鲜第六师、英第二十七旅的先头部队也抵近砥平里。

12点30分后，敌情严重的电报飞向了"邓指"。

"人家的钢铁太多了！"邓华咬着牙，摔掉手头的半截烟卷，从牙缝中迸出这几个字！

在一旁的作战处杨迪副处长，深知这句话的含义。志愿军攻击部队只有三个炮兵连共十几门火炮，每炮只有二三十发炮弹。在进攻中对敌火力不能压制，坦克不能摧毁，障碍区无法突破。砥平里守军本来就有强大的火力，现在骑五团二三十辆的坦克纵队即将与之会合……

是继续坚持组织无望的进攻，还是撤围呢？

邓华不仅深知砥平里前线的力量对比，而且更深知第四次战役中的力量对比。他原想在横城反突击战胜利之后，在砥平里地区再来一次出奇制胜。但看来无望了。

他重新点燃一支香烟，并对杨迪说："准备停止攻击，撤围砥平里！立即发报向彭总请示。"

从得知情况到作出决定仅有半个小时，是多么漫长的30分钟，又是多么短促的30分钟，从继续组织进攻到抉择撤围，司令员经历的是一个痛苦的过程，还是一个干脆的转变？

失算，对于任何一位指挥员都是难于避免的。

没有坚毅顽强，没有为实现自己的目标而一往无前的战斗精神，不会是一个好的指挥员；缺少智慧和理念，一味迷恋战斗，比实际需要与客观可能走得更远，同样也不会是一位好的指挥员。

4个小时后，17点正，彭德怀同意邓华停止对砥平里攻击的决定和部署。16日拂晓，进攻部队撤出战斗，向北转移；前出到原州附近各军也同时向北转移。

"西顶东反"未能制止联合国军的进攻,志愿军和朝鲜人民军不得不转入防御。

这时,前线志愿军部队的困难局面,超过入朝以来的任何时期。粮食供应极为困难,已经出现了战士饿死的情况。因弹药不足和炮损严重,炮兵部队大多先撤往"三八线"以北休整。有的部队战斗减员已到过半的情况了。

联合国军于2月14日首先在东线发动了进攻,并在西线加紧进行强渡汉江的作战准备。在彭德怀的指挥下,中朝部队从2月17日起,全线转入运动防御(又称机动防御),准备争取两个月时间,以集结兵力,改善交通运输,囤积作战物资,待引敌深入,置汉江于敌背后,再行反击。在东线,邓华指挥所部在极其艰难困苦条件下,发扬英勇顽强的战斗精神,正在进行逐山逐水的节节阻击作战。

现在,在这个紧要关头,彭德怀要回国,指挥中朝大军的责任落在邓华和朴一禹的身上了。

邓华深感肩上担子的重大。

一天24小时,邓华绝大部分时间都在作战室里,他反复研读北京中央军委的来电,认真听取前线各个部队的战况报告,还不时同人商讨战场态势,并且直接同前线部队首长电话联系,指示作战事宜。

"彭总说,机动防御的目的是为了掩护后面两个兵团上来,所谓机动,就是不死打、死拼。"

——他在给前线指挥员的电话中,再一次强调彭德怀的指示精神。

"作为指挥员,要很好地研究敌人的进攻特点,改进防御战术。"

——他在电话中要求各级指挥员一定要多动脑筋,勤于思考,根据战场实际进行具体而有力的指挥。

3月7日,联合国军在全线发起了大规模进攻,以美军第九、第十军为主要突击力量,企图从战线中央突破,然后与西线美第一军分别从两个方向围攻汉城,进而向三八线推进。

志愿军和朝鲜人民军英勇奋战,节节地阻击联合国军的强大攻击。

3月8日,志愿军总部作战室通往前线各部队的电话铃声不断爆响,无线电台的联络也频频启动。

"汉江北岸前线来报:在昨日的战斗中,三十八军和五十军与敌人浴血奋战,共有七八个连与敌人搏斗到底,最后全部壮烈牺牲……"

作战室里,寂然无声。

人们为殉难的战友默哀!

良久,邓华抬起头,向默然伫立的朴副政委和解方参谋长说道:"看来,我们还得再次强调有关的作战方针和战术原则。"

在《对美军作战的初步经验》的著名论文中,邓华在总结第一二两次战役中局部防御作战经验时,曾经深刻地概括道:

"对付美军进攻,绝不应采取单纯防御的方针,以运动防御为宜。应该是有重点的,宽大正面,加强纵深,节节抗击……兵力配备应以前轻后重为原则,作疏散的(个人或小组)纵深的(除警戒阵地外应有两道)配置,只以小部兵力进入阵地,主力荫蔽我之侧后,便于及时反击……火力配置,营以下的轻火器应加强第一线,团以上的火器应置于第一二线间的两侧,采取火器分散,火力集中的办法,组成火网。"

在联合国军火力占绝对优势的空、步、炮、坦的协同进攻面前，作为防御一方，上述作战原则的实施，虽不能长久地阻止住对方的进攻，却能够用较少的代价换取敌军较大的损失。

这些原则，在1月下旬在君子里举行的中朝军队高干会议上，邓华都曾经强调过。2月17日开始运动防御以来，上述精神总部也曾经向各部队强调过。

但是，有的担负防御的部队在打得非常英勇顽强的同时，从战术上讲，则有着不够灵活的一面。邓华同朴副政委、解方参谋长商量之后，于8日12时以中朝联军司令部名义，发出关于当前作战指导方针的指示，重申积极防御，纵深设防，利用良好地形（山川、河流）节节阻击，迟滞和杀伤敌人，赢得时间，以待后续部队到来进行战役反击的作战方针，还特别强调在兵力配备上"必须确实贯彻前轻后重原则"和火力配置前重后轻原则。

紧接着，邓华和朴一禹等人又根据彭德怀司令员指示精神和当前战场形势，认真研究后决定：第一梯队各军拟自3月10日起，逐步向北转移，准备以四至五天时间，撤至高阳、议政府、清平川、洪川江北岸至丰岩里一线后，由第二梯队军接替，继续采取运动防御到三八线以北地区。

恰好，彭德怀于3月9日自北京返回志愿军总部，表示同意上述研究意见，因之立即向下部署。

到4月21日止，联合国军被扼制于"三八线"南北地区之开城、三串里、华川、杆城一线。第四次战役历时八十七天，联合国军被歼78000余人，平均每天付出900人伤亡代价，才前进1.3公里。联合国军发现朝中方面大量新锐部队到达，终于停止进攻。这次战役运动防御是成功的，达到了以小的代价换取敌较大的损失，以空间换取时间的目的，从被动中争取了主动，为下一次进攻创造了必要的条件。

"邓华是个好帮手!"

1951年7月10日,朝鲜战争停战谈判开始。邓华代表中国人民志愿军出席谈判会议。这是他第一次参加外交活动。然而,这场谈判是战争史上最艰难的谈判之一。

……这是正在举行的第十九次会议,时间:8月10日,地点:朝鲜三八线南面的开城来凤庄。

朝中方面首席代表南日将军发言说:你方提出的"海空优势补偿论"是完全站不住脚的……

这是在讨论停战后的军事分界问题,朝中方面提出以"三八线"为军事分界线。联合国军方面首席代表、美国远东海军司令乔埃却说，战场的实际除了有一个地面战线外，还有一个海空战线，他们的海空军占有优势，确定停战后军事分界线，只能在地面战线和海空战线之间划定。他建议的分界线是在朝中部队阵地的大后方，即从现阵地后撤38～68公里。根据这个建议，他们不打一枪，不伤亡一个人就可获得12000平方公里的土地。这就是所谓的海空优势补偿论。自7月26日开始讨论这项议题以来，连续八次会议，这一荒谬的反建议已被批驳得体无完肤。

南日在发言中指出，联合国军方面没有理由拒绝以"三八线"为军事分界线。

可是，时间一分一秒地过去，乔埃他们竟然一言不发。

在外交谈判中，只有一方发言，另一方拒不吭声，这真是谈判史上的奇闻。

邓华坐在南日的右方，不停地抽着烟。他觉得，美军谈判代表如此蛮不讲理，一个月来多次挑起事端，中断会议，是因为他们自恃还有力量。第五次战役之后，他们在涟川以东之线，又大举越过了"三八线"，较之年初,是松了口气,气焰就上来了。

这个开城谈判的时机选择得不很恰当啊!如果在年初时同他谈判停火,战场态势是我军越过"三八线"达到"三七线",那么,朝中方面则是处于十分有利的谈判地位。

当然,从总体上讲,美方愿意来谈,是把他们从鸭绿江畔赶到"三八线"地区的结果,是朝中方面的胜利。

看来,对他们必须采取强硬态度。如同毛泽东主席于7月9日讲的,我们应作此次和不下来,还须继续打,还须给敌人以大量的消耗和歼灭,然后才能和下来的打算。

8月18日,经过一番思索的邓华以个人名义,向志愿军司令员彭德怀提出以现有战线作为停战线的建议,他在电文中说:"现地停战,我方亦不吃亏,因临津江以西"三八线"以南面积虽小,但人口财富较多,战略上,敌阵地离元山近,登陆易;但我阵地离汉城更近,亦易捯敌侧背。"

与此同时,志愿军谈判代表团党委连日举行会议,集中讨论现有战线为军事分界线同以"三八线"为军事分界线的差别到底有多大，经过从多方面多角度地认真分析研究，反复对比讨论，最后一致认为：以实际接触线亦即现有战线为军事分界线对我并无不利。

8月22日15时，志愿军谈判代表团提议以实际接触线为军事分界线专题向毛泽东主席请示。

毛泽东主席很快批准了这一提议，并商得金日成同意按照志愿军谈判代表团的建议，向对方提出划分军事分界线方案。11月27日联合国军方面同意了朝中方面的意见，即以双方现在的实际接触线为停战时的分界线。

邓华这一建议的提出并最后成为双方认可的协定，是朝中方面在这项谈判中的一大胜利，因为这意味着对方完全放弃了所谓"海空优势补偿论"。这一建议是从战场实际出发，又合乎国际战争中停战的惯例，一经提出便得到国际舆论的支持，对于打破谈判僵局作出了积极贡献。美军首席代表乔埃事后也说"这是谈判的一个转折点"。

邓华8月18日提出的以现有战线作为停战后的

军事分界线的建议,随之自然地带出了一个重要问题,那就是:设想以夺回"三八线"以北被占领土地,实现以"三八线"为停战后军事分界线为目的的第六次战役,成为可商榷的了。

早在7月1日,金日成与彭德怀联合发表声明,赞成与李奇微举行停战谈判的同时,彭德怀向毛泽东报告说:(停战谈判中)"坚持以'三八线'为界,双方均过得去,如美国坚持现在占领区,我即准备8月反击。"

停战谈判进行了半个月,即到了7月24日,连议程也未达成协议,彭德怀上报中共中央军委,拟以军事胜利配合谈判,他在电报中说:"我再有几次胜利的战役打到'三八线'以南,然后再撤回'三八线'为界进行和谈……我于8月中旬争取完成战役反击的准备,如敌不进攻,则至9月举行。"

这里所说的"8月反击"和"战役反击",因是在第五次战役之后筹划的战役,便被称为第六次战役。

对于计划中的这个战役,邓华是坚定地支持的。7月31日,他在开城与解方联名致电彭德怀,认为"谈判需要战斗胜利配合,并需作破裂之军事准备……战役准备,争取8月15日以前完成,准备破裂后的反击以8月内动作为宜……如谈判仍在持续,最好是乘敌进攻时予以有力地打击……或者我举行地区性的主动攻击敌人。总之,谈判需要政治攻势,特别是战斗胜利相配合才更为有利"。

8月8日,彭德怀司令员向中共中央军委和毛泽东主席报告了第六次战役的意图和基本部署:要求歼灭敌军两个师左右,将东线之敌打回到"三八线"以南地区。

彭总在报告中说:"如无意外变故,拟于9月10日下午发起战役攻击。如敌在8月底9月初向我进攻,我则在现阵地以逸待劳,适时举行反击,最为有利。"

8月17日,彭总签发了发动第六次战役的预备命令。

战网正在悄悄拉开。

在开城北面松岳山麓志愿军谈判代表团驻地的邓华,收到彭总签发的第六次战役的预备命令之后,立即认真研究,并联系当时敌我双方战场态势反复思考。

前述8月18日邓华发至毛泽东主席和彭德怀司令员建议以现有实际接触线为停战后军事分界线的电报，实际是建议改变以"三八线"为界的停战条件。这个建议的背后没有说出来的话是，既然以现有实际接触线为停战后的军事分界线，那么，设想以打到"三八线"以南，然后再撤回，实现以"三八线"为界为目的的第六次战役就没有必要了。

8月20日，邓华和解方致电彭德怀，认为在敌人阵地已经巩固，"深沟高堡，固守以待"的情况下出击，进行阵地攻坚，于我不利。

彭德怀于8月24日复电邓华说："17日预备命令是要把全军动员起来，积极准备作战，而非具体部署。"与此同时，还转来中共中央军委8月19日就第六次战役预备命令给彭德怀的专电，军委在专电中说，9月战役计划，"可否改为加紧准备而不发动。如此，可预防敌人挑衅和和谈破裂，又可加强前线训练和后勤准备"。

接读彭德怀复电和中央军委8月19日专电后，邓华思绪联翩。

26日，他再次致电彭总并报军委。他在电报中说："我在作战指导上应做长期打算，并准备敌人扩大战争，但也不放松任何可能争取和平的机会。"

接着，他就拟议中的第六次战役做了具体分析，他说："当前敌人已有强大纵深的坚固设防，而又是现代的立体防御，是不可小视的。如我以现有力量和装备进行攻击，其结果有三：一为攻破了敌阵，部分歼灭了敌人；二为攻破了敌阵，赶走了敌人；三为未攻破敌阵，而被迫撤离战斗。不管哪一结果，伤亡和消耗均会很大，尤其后者对我是很不利的……相反的，如敌离开他的阵地，大举向我进攻，我以现有力量装备是可以将其打垮，而求得部分歼灭的，代价也不会很大。"

几种可能，利害得失，他都做了分析；倾向性意见也很明白，就是在当前变化了的情况下，不打第六次战役。

还需要特别指出的，邓华在8月18日向彭德怀并毛泽东拍发的电报中，还同时建议：

"在军事上我应有所准备，纵目前不进行战役反击,也尽可能做战术的反击,收复些地方,推前接触线,更好地了解敌人阵地及其坚固程度。"

"纵目前不进行战役反击"与建议不打第六次战役,是同一个意见。但邓华同时是积极求战的,他建议"尽可能作战术的反击",要"收复些地方""推前接触线",要"更好地了解敌人阵地及其坚固程度"——这是为以后战役反击中阵地攻坚做准备的。

而事实上,第六次战役被取消,开始了中国革命战争史上前所未有的长时期的阵地战。

通过这几次电报往来,彭德怀对邓华有了进一步的深刻的认识,为邓华能在关键时刻讲自己的不同看法而高兴,并多次表示:

"邓华作战勇敢细心,出了些好主意,是个好帮手!"

智胜上甘岭

1952年2月下旬的一天夜晚,邓华到前线视察,忽然,敌机来袭,撒下的照明弹把大地照得如同白昼。偏巧吉普车是在傍山险道行走,两架敌机低空追击,山道上隐蔽来不及,司机小赵一个急刹,敌机扫射的子弹在车前弹着,好险哪!跟着第二架敌机呼啸而来,小赵赶紧发动,吉普车继续前行,机关炮弹在头顶穿梭爆炸。"急转弯!"邓华提示刚落音,第一架敌机绕了个圈再次俯冲下来,"叭!叭!……"随着几声子弹爆响,小赵方向盘没把稳,吉普车翻下悬崖,幸好未到底便被两块大石头卡住,车头和车尾都被机关炮打着,而邓华和司机竟然幸免于难,但邓头部和腰部碰伤，当即昏迷过去，下颚一寸多长伤口不住地流血。

于是，他被紧急送回沈阳治疗。

休整3个月后，邓华到达朝鲜桧仓志愿军总部。

6月11日，邓华就任志愿军代司令员和政治委员，全面主持志愿军工作。

此时，他深感责任重大。去年粉碎敌秋季攻势后，朝鲜战场处于相对平稳状态，而停战谈判在战俘遣返问题上陷于僵局。出于对谈判施加压力，对方可以凭借其海空军优势和陆军现代化装备优势在战场上逞威，如果要破裂谈判，那将是大的动作。他和总部其他领导人磋商研究，同友方——朝鲜人民军代表协商。总部的各个处室，几乎都得联系，但去得最多的自然是作战室；每天要阅处的来自北京和在朝各个部队的电报，更是成堆，他简直忙得不可开交。

他是精细过人的，总部领导人开会，谁作报告，谁汇报情况，他都全面认真记录，以至他那个记事的小本儿也出了名，若干年之后，人们要查询什么就想到邓华的小本儿。加之他的记忆力特别好，有关的数据、情节、结论、人名、地名，一进入他的脑袋，他就忘不了。在司令部，有人就说他"肚子里有一本活地图"。

他又是善于抓住重点，挈领全局的。当他还只是战役方向指挥员的时候，他就能够站在战略高度，审视战役全局，审视战区全局，向最高统帅部正确地提出改变战役和战区兵力部署，改变战略攻击方向的意见。

所有这一切，加上他勇猛、顽强、坚毅的性格，不达目的决不罢休的一往无前的精神，以及在长期革命战争中形成的良好军事素养——这就是他，在中国人民解放军众多杰出高级将领中，被点将率师赴朝，接着又被委以重任，接替彭德怀主掌志愿军总部全部工作的道理所在。

10月14日，当联合国第七届大会在纽约成功湖举行，美国国务卿艾奇逊在大会上发表演说，声称"自由世界要继续战斗"的时候，在朝鲜上甘岭地区，联合国军方面发动了去年秋季攻势以后最猛烈的一次进攻。

炮弹铺天盖地而来，在志愿军防守的总共不到四平方公里的两个阵地及其周围，落下的炮弹达30万发，重磅炸弹500余枚。在持续两个小时的炮火准备之后，美军第七师，南朝鲜军第二师各一部共七个营的兵力，分成六路向上甘岭地区597.9高地和537.7高地北山两个阵地发起攻击。

当驻守该区的第十五军秦基伟军长打来电话报告战况时，邓华决定通过对阵地的反复争夺，来更多地消灭敌人有生力量。邓华当即表示："原定反击注字洞南山暂不进行，四十五师应迅速到五圣山集结，集中力量反击敌人进犯。"

战术反击，是依托坑道工事对敌军阵地的进攻。而坑道体系能否经受敌人大规模攻击，这是一个尚待回答的战术问题，而更重要的，还是一个尚待回答的战略问题。

为了对付敌之进攻，邓华确定的作战方针是：坚守阵地，寸土必争，大量杀伤消耗敌人，粉碎其攻势。

邓华曾在审阅第三兵团的防御计划时，批示道："我们认为有坑道的阵地仍然是可以而且必须与敌反复争夺的。同时应尽一切可能及时地增援，以至我坑道中能保持适当的有生力量，利用野战工事大量杀伤敌人于阵前……在迫不得已时，亦不宜自有坑道的阵地撤出，而应转入坑道作战（一方面使敌不能占我坑道，一方面保护我未抢运之伤员、烈士），适时以火力反击或兵力反击，求得里应外合夹击敌人，并杀伤敌人于阵地上。"

第三兵团各部根据邓华的指示重新修订了防御作战计划。

邓华在电话中最后向秦基伟说："号称地下长城的坑道体系，能否发挥作用，到了接受检验的时候了。"

15日，上甘岭地区争夺两个山头阵地战斗正酣，作战处丁甘如处长在邓华面前呈上了东北海域敌军可能登陆的情报。

这日上午，在东海岸高城以东海面，麇集有六艘航空母舰、四艘巡洋舰和驻日本的美骑兵第一师一部，组成以美军第七舰队为核心编成的陆海空军合成的第七机动登陆部队，向志愿军和人民军海岸阵地猛烈轰击，并有三十余架运输机从中朝部队正面战线越过，显示以空降配合。

邓华紧锁眉头，沉思少顷，说道："这是敌人声东击西，谋略的拙劣表演，意在配合其向上甘岭的进攻，打乱我之反击部署。不予理会。我们是预有准备的。"

但为了防备万一，邓华在与副司令员和参谋长商议之后，于当日20时，以中朝联合司令部名义向"金指"（即朝鲜人民军金雄指挥部）和志愿军第二十兵团发出加强东海岸通川海防部署的指示。

敌人并没有登陆，敌舰游弋了一阵，打了一阵炮，跑了。事后联合国军方面透露，这次"模拟登陆"的目的，是"分散敌人前线兵力，诱敌增援部队进入登陆地区，以空军和地面炮兵将其歼灭"。联合国军方面哀叹："敌人没有作出什么反应，因而未获战果。"

上甘岭是志愿军中部战线战略要点五圣山的前沿阵地。争夺的这两个高地由志愿军的两个连分别把守，总面积仅3.7平方公里。由美第八集团军司令范佛里特上将亲自部署和指挥的名之"摊牌作战"，原拟定美军和南朝鲜军各出动一个营的兵力，付出200人左右的伤亡,五天即可夺取这两个高地。谁知钉子碰了铁!从14日到20日的几天中,联合国军白天占领地面阵地,志愿军则在夜晚依托坑道反击歼敌,恢复地面阵地,有时一天之中地面阵地数次易守。在此期间,以邓华为首的志愿军司令部及时采取诸多断然措施支持上甘岭前线。10月20日晚,邓华下令:前沿部队全部退入坑道,准备依托坑道,协同前沿火力反击和兵力反击,里应外合地夹击敌人,杀伤敌人于阵地上,最后恢复地面阵地。

10月21日,邓华代司令员向第十五军发出电话指示,他说:"目前敌人成营成团向阵地冲击,这是敌人用兵的错误。对于我方来说,这是歼灭敌人于野外的良好时机,应抓紧这一时机,大量杀伤敌人。"

这次由战斗发展成为战役规模的上甘岭坚守防御战役历时43天,537.7高地北山和597.9高地地面阵地,最终为志愿军反击得手,并牢牢地巩固之。

在不到4平方公里的两个高地争夺战中,联合国军方面先后投入6万余人的兵力,105毫米口径以上火炮300余门,坦克170余辆,飞机3000余架次,共发射炮弹190万发，投掷炸弹5000余枚。上述两个高地土石被炸松一至两米，战后随手抓起一把松土就有好几块弹片！志愿军出动兵力4万余人，使用火炮140余门，发射炮弹40余万发，在单位火力密度上创造了中国军队战史上的最高纪录。联合国军方面伤亡25000余人，志愿军伤亡11500余人，敌我伤亡比例2.21∶1。

在如此狭小的阵地上，双方投入兵力火力之密集猛烈，战斗之激烈紧张残酷，不仅在中国战史上是空前的，在世界战史上也是罕见的。志愿军的最终胜利，生动地反映了以邓华为代表的志愿军指挥员卓越的指挥艺术。上甘岭作战已被许多军事教科书赞誉为坚守防御作战的光辉范例。

11月30日，上甘岭战役结束后4日，邓华写作的长篇论文《关于积极防御的若干战术问题》脱稿。这是对第五次战役后执行"持久作战，积极防御"方针一年零五个月作战包括上甘岭战役在内的全面总结。

在中国共产党领导的革命战争中，尽量避免打以火力战、消耗战为主的阵地战，主要作战形式是游击战和运动战。在朝鲜，如果算到停战协定生效时止，则打了两年零一个月的阵地战。

志愿军的主要对手是高度现代化的美军，志愿军装备1951年后逐步有了改善，较之国内战争时期是大大改观了。但美方仍然声称志愿军"装备却极为原始化，其中大部分都是我们早已送入军事博物馆中的古董"（美第八集团军军长泰勒语）。如此悬殊的装备，志愿军要守住阵地看来几乎是不可能的。

然而，第五次战役之后，客观形势又要求中朝方面必须守住现有战线。

在实践中，1951年秋季，群众创造了坑道工事，在志愿军司令部的倡导指示下，很快形成修建坑道工事的热潮，因之在朝鲜战场上出现了连接朝鲜东西海岸250公里长的战线上有20~30公里纵深的以坑道为中心的防御体系。这种体系的形成和完善，使得志愿军能够在劣势装备条件下以较小的代价完成守住现有战线，长期消耗敌人的战略任务。这种被称之为"地下长城"的防御体系，不仅在中国战争史上是创举，在世界战争史上也是前所未有的。

邓华在这篇长达三万三千多字的专文中，对一年多来志愿军依托"地下长城"进行阵地作战的经验进行了全面的系统的总结。他在专文的引言中写道："以劣势装备对现代化敌人进行大规模的坚守作战，本来是件困难的事情，但我们有了坑道工事便相当地降低了敌人飞机、大炮、坦克的优势，而又可以发挥我军步兵固有的特长，既能保存自己又能消灭敌人。我们依托这种阵地组织了顽强的防御与英勇的反击，并进行了许多胜利的进攻战斗，给了敌人以沉重的打击。"这一深刻的概括，其内涵远远超过这一段时期抗美援朝作战的本身。有人说，抗美援朝战争经验，主要是指后期的阵地战阶段的经验。还有人说，抗美援朝战争中的阵地战实践，是对中国革命战争的战略指导与战术指导思想的丰富和发展。从这一认识出发，人们从邓华在这篇专文中就有关防御组织、防御作战以及对坚固阵地的攻击的具体的深入浅出的分析中，获知许多新的、前所未有的概括。

打掉这个突出部

当美国五星上将艾森豪威尔上台后，默默注视着美总统大选动向的毛泽东自言自语道："要做最坏的准备。"然后立即指示召邓华来见。

双方见面寒暄后，毛泽东迅速转入正题："艾森豪威尔上台，看来会有新的动作。找你来，是要研究对付艾森豪威尔的对策。总的意思是，志愿军应以肯定敌人登陆，肯定要从西海岸登陆，肯定在清川江至汉川间登陆这一判断出发，来确定行动方针。登陆的时间可能在春季，也可能更早些。"

"应十分加强地堡和坑道，部署五个军于汉川至清川江一线，其中要有四个有经验的军，划定防区，坚决阻敌登陆。"

毛泽东继续斩钉截铁地说，"决不允许敌人在西海岸登陆，尤其不允许在汉川至鸭绿江一线登陆。"

在急如星火的行程中，又来了个十万火急！

12月20日，毛泽东起草并签发的《准备一切必要条件，坚决粉碎敌人登陆冒险，争取战争更大胜利》指示中，正式任命"以代理司令员和政治委员邓华同志兼任西海岸指挥部司令员和政治委员"。

邓华设"西海指"于安州附近的泉洞。这儿是个大铁矿洞，濒临清川江，正处在海防纵深地段。

以雷厉风行、大刀阔斧而又脚踏实地闻名的邓华，只用了20来天时间，就以"三肯定"判断为依据，对正面战线和东西海岸兵力部署作了调整。这时期在朝志愿军已达到空前规模：有135万之众，其中包括19个野战军，8个地面炮兵师，5个高炮师，两个坦克师，10个铁道兵师和一个公安师。连同朝鲜人民军6个军团及其他部队，中朝部队总数已达180万人。此外，在鸭绿江中国一侧还有一个军作为预备队；同时，空军也准备了14个师约500架飞机，一声令下即可投入抗登陆作战。海军也调动了一个鱼雷艇大队（18艘快艇），停泊于鸭绿江口中国一侧的大东淘，并以两个海岸炮兵连进至朝鲜西海岸设防。

邓华深刻研究了朝鲜战场地形和敌我双方实际，提出了反登陆防御组织的首要原则：要有强大的纵深和机动力量。他说，现代作战，如果敌人陆海空协同，以雄厚兵力采取重叠、密集、连续的进攻，特别是地形有利的情况下，是没有攻不破的阵地的。如我海防一线被突破，我还可以利用二线三线纵深阵地，逐山逐水，层层阻击，连续反击，不断杀伤歼灭敌人，是终究能够粉碎敌之登陆的。他提出反登陆作战的指导方针是"积极防御，坚决歼灭"，即坚决阻击敌人登陆，不准敌人上来，力求歼敌于海边滩头；在纵深机动位置上的主力，坚决迅速歼灭敌之空降部队，并支援第一线作战。

到1953年4月，中朝方面规模巨大的东西海岸防御部署已经完成。邓华说，在西海岸粉碎敌7个师的登陆进攻很有把握，在东海岸粉碎敌5个师的两栖攻击没有问题。然而，反登陆作战并没有打响。联合国军方面，在正面战线无法越雷池一步；而在东西海岸两侧，中朝方面又进行了空前规模的反登陆战备，他们自知如实施大规模军事冒险必然会碰得头破血流，因之，不得不将政策基点转向通过谈判来实现停战。

4月26日，由美方于1952年10月14日片面中断的停战谈判恢复。

反登陆就由剑拔弩张的临战准备转入一般性警戒。

1953年6月10日17时，志愿军司令部作战室。

"喂，是祖谅同志吧？"邓华代司令员正同志愿军第六十军张军长通话。从昨天晚上起，这是他第四次同张军长打电话了。

"敌前潜伏部队情况怎样？"代司令员关切的仍然是前三次电话中同样的问题。

"情况良好，还没有被敌人发觉。"张军长回话，"有两次，一次是五名敌人，一次是一个班的敌人，向潜伏区接近。我监视部队接报后立即发炮将其驱回，我们判断，这是敌人的例行巡逻，而不是针对我潜伏区的特别行动。"

"明白了。你们的工作做得非常出色。"司令员毫不含糊地表扬了对方,"现在,离预定总攻时间,还有三个来小时,千万不能急躁麻痹。"

6月9日24时,六十军的一八一师十三个步兵连、四个营部和一个团指挥所共3000余人,以秘密和神速行动,分别在接近敌前沿阵地地区潜伏。

这是一个大胆,甚至说是一个冒险的行动,这么多指战员出现在敌人鼻子底下,万一被发觉,不但潜伏部队将遭受重大伤亡,而且整个作战意图立刻暴露。

事前,就着沙盘,在听取他们作战方案的汇报时,邓华就十分赞赏他们这种大胆的设想,他说:"不敢于冒险,不可能成为一个好的指挥员。"但他同时要求他们多方面地周到细致地做好工作,力争万无一失,并最终批准了他们的作战计划。邓华同时命令抽调三个炮兵团(欠一个营),加强该作战方向,以保证他们有足够的火力压制和摧毁对方。这次在北汉江附近鱼隐山以西地区的作战是攻击敌团的阵地。实行阵地战近两年来,志愿军还没有对敌一个团据守的阵地进行攻击。"正面可以放手作战",难道老是停留在对连营目标的攻击吗?

代司令员的频频电话询问正表明:这次作战有着非同寻常的意义!

"许司令员他们都到了吗?"邓华接着问张军长。

"都到了。"

"你得保证他们的绝对安全!"

"是,绝对负责!"张军长坚定回答。

为了加强对这次作战的指挥和指导,志愿军第三兵团司令员许世友、副政委杜义德,第二十兵团司令员杨勇,代司令员郑维山,政治委员王平、张南生,都来到了第六十军指挥所。

"喂,邓老弟吧?"在一旁的许世友一把接过话筒,"战场准备,战场组织,都是过硬的,我看有好家伙看。"许世友比邓华年长4岁,所以称他老弟。

"哈哈,有你们几位大将军坐镇,那还用说?"邓华回说,"这一仗打完,到志司来,请你吃狗肉呵!"

"行,有什么酒呀?"

"茅台,尽你喝!"

"什么尽我喝,你有几瓶?我是有名的酒桶呵!"

许世友司令员显得非常兴奋，他的话引得大伙都笑了。

如同邓华所预料的，敌前潜伏这关键的第一着取得成功，为整个攻击战开辟了出奇制胜的道路。259门火炮20分钟急袭之后，勇士们从两个方向突然发起冲击，仅仅50分钟战斗，就全歼守敌，首创阵地战以来一次攻歼敌一个团的范例。在11日起的接连四天打敌反扑190余次，先后共歼敌7000余人，巩固地占领阵地。连同兄弟师对敌相邻阵地的攻击，这个军此次共歼敌14800多人，扩展阵地42平方公里。

当邓华和许世友谈论着要畅饮茅台酒的时候，在汉城李承晚官邸，一个破坏停战谈判的阴谋在悄悄策划之中。

6月17日深夜到18日凌晨，南朝鲜当局在沦山、马山、釜山、尚武台四个战俘营，以就地释放为名，强行扣留了27000名朝鲜人民军被俘人员，将他们押解到李承晚军队的训练中心。他们明知这样做将会引出严重后果，但他们认为："如果因释放反共战俘而带来停战谈判破裂，那更是我政府所希望的。"

这个消息一传到志愿军总部，邓华拍案而起："这个李承晚胆敢如此放肆，看样子还得给他硬的吃！"

在作战室里站在一旁的志愿军副司令员杨得志，见邓华愤怒的眼光定定地瞄着正面战线上的一个突出部位，说道："我知道，你早就想在这个地方打主意了。"

"对，我们就选在这个地方开刀！把战线拉直，给朝鲜人民多占点地方，非常必要。"邓华赶忙回答。

本来，这一着是不必要也是不情愿发生的。

因为，随着6月8日战俘问题达成协议，朝鲜停战谈判的各项议程即已全部达成协议。6月15日19时，中朝联军司令部向所部发布命令："从6月16日起，一律停止主动向敌人攻击。"6月16日，双方参谋人员按照实际接触线重新划定了军事分界线，双方的文字专家也在同日逐条逐段逐字地最后审定停战协定的文本；而且，停战协定签字日期也有打算，即在6月25日朝鲜战争爆发三周年纪念日这一天。就在6月16日晚餐时，邓华等志愿军领导人，甚至还打开茅台酒瓶，为和平即将到来而频频干杯。这也生动地表明：志愿军是多么地渴望和平！

然而，有人仇视和平，图谋谈判破裂，蓄意挑起事端，这就怪不得邓华等志愿军领导人要选定这个突出部位开刀了。

这个突出部位，是在东西走向的战线上，在位于金城以南，西起金化东至北汉江地域，向朝中一方伸出宽25公里，纵深10余公里的部位，是敌几个师重兵防守的阵地。从日后防御作战的军事角度设想，这个突出部明显地有利于对方，不打掉这个突出部肯定要留下隐患。邓华选定这个地方，是合乎兵家逻辑的。

而在鱼隐山以西地区攻歼敌一个团的胜利，仿佛是这次更大规模的作战行动前奏似的。可以说，前次作战是这次作战的必要准备，这次作战又是前次作战必然延伸。也许,在邓华心里早就筹划了这一仗了吧？

"看你哪，你不怕人家说你好战分子吗？"李达也开玩笑了。

"不是我们好战，是李承晚不见棺材不掉泪，不狠狠揍他两家伙，他是不会老实的。"邓华慷慨激昂，似乎就要部署行动作战似的。

6月20日，准备赴开城办理停战协定签字事宜的彭德怀从北京抵达平壤，在同邓华等人通电话后，立即于当日22时起草电报向毛泽系主席请示："为加深敌人内部矛盾，拟再给李承晚伪军以打击，再消灭伪军一万五千人。"并称"此意已告邓华妥为部署"。

毛泽东于21日电复彭德怀，表示同意："停战签字必须推迟，推迟至何时为宜，要看情况发展才能作决定，再歼灭伪军万余人极为必要。"

邓华他们再一次进入紧张的临战状态。

6月20日23时30分，即彭总向毛泽东发出请示电后一个半小时，邓华即与杨得志、李达联名向各部发出指示，决定立即组织夏季反击战役第三阶段作战，在军事上继续给予李承晚集团以狠狠打击，而且重点放在打掉金城突出部。

志愿军在金城地区驻有第二十兵团指挥的四个军，为保证兵力、火力上的优势，"志司"决定将第二十一军调归第二十兵团指挥，并增调火箭炮兵、高射炮兵各1个团，野榴炮兵1个团又1个营、反坦克炮兵3个连、工程兵4个营，以及坦克部队的两个连，统由第二十兵团指挥,加强后的敌我兵力对比为3∶1,火力对比为1.7∶1,志愿军均优于对方。

第二十兵团原拟从第六十军防区即北汉江一侧包围歼敌,邓华等人认为七八月间正是战区雨季,如果暴雨危害,北汉江水涨,后续部队与弹粮运输均有被切断之虞,会造成我重大不利,因而否定了这一作战方案。

第二十兵团随即改变计划,组成中西东三个突击集团,从牙沈里至北汉江上所里间22公里地段上实施进攻,求得歼灭南朝鲜首都师、第六、第八、第三师的8个团另一个营,并拉直战线为战役目的,定于7月10日左右发起进攻。

邓华于6月25日批准了这一计划。为了确保第二十兵团的西集团安全,邓华还决定在发起攻击时,志愿军第九兵团第二十四军由金化东北之阳地至杏亭地段实施突击,歼灭首都师第二十六团,控制上、下九井间公路,阻击金化方向敌东援。

从6月25日起,志愿军在第一线的8个军另一个师和人民军两个军团,不断主动发起攻击,牵制敌人，配合金城地区作战。

7月13日21时，金城前线浓云密布，大雨欲来，志愿军1000余门火炮突然猛烈轰击，其中卡秋莎火箭炮部队两个师，连打了三个齐放，顷刻间对方阵地山崩地裂，一片火海。第二十兵团各部和第九兵团第二十四军同时向南朝鲜军4个师25公里防御正面发起强大突击，一小时内即全部突破其前沿阵地。

在作战室里密切注视着前线战况的邓华，此刻是心潮澎湃，激动不已。现在，正在打响的，是对敌四个师宽大正面纵深阵地进行战役反击，这真是大仗硬仗呵！这是何等巨大的变化呵！

拿火炮来说，上甘岭战役时，志愿军100多门火炮，43天作战共发射了40多万发炮弹；这次金城战役集中了1300多门炮，准备了70万发炮弹，此刻金城前线志愿军炮击，该是多么威武雄壮，震天撼地呵！过去在国内战争中，他参加了为时两天的天津战役，解放军发炮为7万发，淮海战役65天作战，华东野战军发炮20多万发。今天发展到了这种空前规模的炮击，作为一名老战士，他怎能不激动万分呵！他真想跑出这个桧仓矿洞,爬到山顶上,去听一听金城前线的炮声,去看一看东南方向炮火映红的天边,虽然这里与那里相隔百多公里,也许什么也听不到看不到,但是能到山顶朝那个方向听听瞧瞧,也是够痛快的。

经过3天激战,24万志愿军已在金城地区将战线向南推进了15公里,歼灭了南朝鲜军4个师大部。从17日开始,金城前线各部顽强作战,打退了美军和南朝鲜军共7个师大小反扑1000余次,到7月27日,整个战役取得了拉直了战线,歼敌53000余人的重大胜利,连同其他战线各军作战,歼敌总数达78000余人,战线向南推进了178平方公里。

7月27日,朝鲜停战协定在双方谈判首席代表签字后正式生效。燃烧了3年零33天的战火熄灭了。和平降临到了朝鲜大地!

7月31日,朝鲜民主主义人民共和国最高人民会议常务委员会,在平壤举行隆重的授勋典礼,彭德怀、邓华等志愿军领导人应邀出席。

为了表彰中国人民志愿军的伟大的历史功勋,表彰中国人民志愿军领导人的卓越贡献,朝鲜最高人民会议常务委员会授予彭德怀朝鲜民主主义人民共和国英雄称号、共和国最高勋章——一级国旗勋章和金星勋章，授予邓华共和国最高勋章——一级国旗勋章，至此，朝鲜方面授予邓华共和国最高勋章——一级国旗勋章达到3枚，一级自由独立勋章也达到3枚。

授勋仪式结束后，朝鲜劳动党政治局举行盛大宴会，庆祝朝中人民军队伟大胜利，庆祝停战的实现。宾主频频举杯，真正是开怀畅饮！不大能喝酒的洪学智被灌醉了，颇有酒量的邓华，喝得晕晕乎乎的，彭德怀、杨得志、李达、李志民等人也都喝过量了；作为主人的金日成，素有海量美称，更是不断举杯祝酒，他稍后也说，这次宴会上"多喝了点，醉了"。

从这个喝酒的热烈劲儿，可以看出：人们对于来之不易的胜利，是多么激动、多么喜悦！

峥嵘岁月

1954年,邓华奉命回国,先后任东北军区第一副司令员、代理司令,中国人民解放军副总参谋长兼沈阳军区司令员。

1955年9月,邓华被授予中国人民解放军上将军衔,荣获一级八一勋章、一级独立自由勋章和一级解放勋章。

1959年,邓华受彭德怀错案株连被撤职。1960年,邓华任四川省副省长,曾深入170多个县市、数百个厂矿和千余农村社队进行调研,经历了18年的风雨,为天府之国的农业工作呕心沥血,创下光辉业绩。

1976年,"四人帮"粉碎。中共中央于1977年8月3日下达的任命邓华为中国人民解放军军事科学院副院长的通知，于两日后即8月5日正式到达邓华手中。

紧接着，于8月12日至18日，邓华参加了中国共产党第十一次全国代表大会。同第九和第十次全国代表大会时一样，他再次当选为候补中央委员。8月25日，新一届中央军委会组成，他任军委委员。

1980年7月3日，中国共产党的优秀党员，中国人民的好儿子，为中国人民的解放建立了不朽功勋的人民解放军杰出将领和杰出的军事家邓华将军，与世长辞。

《英烈故事丛书》书目

单行本（95种）

为国捐躯·宋教仁	浏阳河畔播火人·潘心元
首义功臣·蒋翊武	从容莫负少年头·何孟雄
辛亥革命元勋·黄兴	英勇最年少·欧阳立安
护国元勋·蔡锷	革命"向导"·蔡和森
黄埔奇才·蒋先云	飞将军·黄公略
湘南农民运动的先驱·雷晋乾	为大众之生息·曾士峨
献身信仰的革命伉俪·田波扬与陈昌甫	我要追求光明·李灿
爱国岂能怕挂头·郭亮	文武奇才·陈奇
只要主义真·夏明翰	忠魂直上重霄九·柳直荀
全党党员之楷模·罗亦农	革命理想大于天·毛简青
中共第一女委员·向警予	军中智囊·蔡申熙
红军骁将·王尔琢	共和国第一烈士·段德昌
吾将吾身交吾党·贺锦斋	游击队女司令·贺英
伉俪遗书感天地·陈觉与赵云霄	坚定的农民革命者·毛福轩
傲霜秋菊女英豪·毛泽建	用生命实现革命诺言·黄励
热血谱春秋·颜昌颐	工人运动的杰出领袖·邓中夏
第一位女共产党员·缪伯英	"新华英烈"第一人·周以栗
血染苏中沃土·何昆	断肠明志·陈树湘
共和国第九烈士·陈毅安	女党员之杰出者·何宝珍
从富家公子到红军名将·胡少海	最年轻的红军军团长·寻淮洲
工农运动的领袖·罗学瓒	中共创始人之一·何叔衡
一代"骄杨"·杨开慧	血染的红军利剑·钟纬剑

红军优秀的指挥员·毛泽覃　　　　为人民服务·雷锋
铁血儒将·曾中生　　　　　　　　战士永生·欧阳海
独臂将军·刘畴西　　　　　　　　从白面书生到红军骁将·曾日三
餐风饮露志如虹·蔡会文　　　　　人民司法制度奠基人·谢觉哉
"红色管家"·陈为人　　　　　　　从将军到开国部长·滕代远
长征虎将·谢嵩　　　　　　　　　大青山上一杆旗·姚喆
骑兵政委·邓永耀　　　　　　　　战功卓著的开国上将·邓华
赤胆忠烈·涂正坤　　　　　　　　公安英模·官同生
虎贲将军·郑作民　　　　　　　　为民肝胆酬·罗健夫
游击专家·张正坤　　　　　　　　长征路上唯一的大学教授·成仿吾
回民支队政委·郭陆顺　　　　　　用笔战斗的大将·谭政
革命宣讲家·谢翰文　　　　　　　军之良才·朱良才
愿拼热血卫吾华·左权　　　　　　烈火中永生·鲁运新
太行女杰·黄君珏　　　　　　　　智勇双全·彭明治
白手起家建兵工·吴师孟　　　　　理论界的鲁迅·李达
"红色大管家"·毛泽民　　　　　　洪水中的丰碑·胡宗亮与吴娅莉
将军百战死·彭士量　　　　　　　人民公安为人民·蒋学远
孤军抗日寇·吕旃蒙　　　　　　　为民书记·郑培民
南征北战血洒蕉山·梁鸿钧　　　　新世纪的"欧阳海"·雷宏
坚贞不屈的共产主义战士·朱克靖　热血铸警魂·张杰明
卧底将军·谢士炎　　　　　　　　青春热血卫海疆·杨松林
永不消逝的电波·李白　　　　　　大爱无声·谭千秋
骆驼精神耀千秋·任弼时　　　　　爱民模范·宋文博
青山处处埋忠骨·毛岸英　　　　　献身强军目标的好兵·李影超
舍己救人的国际共产主义战士·罗盛教　逐梦海天的强军先锋·张超
人民公仆·林伯渠